高中化学优质课堂情境创设的研究

陈学敏　著

延边大学出版社

图书在版编目（ＣＩＰ）数据

高中化学优质课堂情境创设的研究 / 陈学敏著. --
延吉：延边大学出版社, 2019.5
　ISBN 978-7-5688-6936-2

　Ⅰ. ①高… Ⅱ. ①陈… Ⅲ. ①中学化学课－课堂教学
－教学研究－高中 Ⅳ. ①G633.82

　中国版本图书馆 CIP 数据核字(2019)第 110351 号

高中化学优质课堂情境创设的研究

著　　者：陈学敏
责任编辑：金桂花
封面设计：延大兴业
出版发行：延边大学出版社
社　　址：吉林省延吉市公园路 977 号　　邮　　编：133002
网　　址：http://www.ydcbs.com　　E-mail：ydcbs@ydcbs.com
电　　话：0433-2732435　　传　　真：0433-2732434
制　　作：山东延大兴业文化传媒有限责任公司
印　　刷：北京建宏印刷有限公司
开　　本：787×1092　1/16
印　　张：7.25
字　　数：100 千字
版　　次：2019 年 5 月第 1 版
印　　次：2019 年 5 月第 1 次印刷
书　　号：ISBN 978-7-5688-6936-2

定价：29.00 元

前　言

我国高中化学新课程理念提出，"高中化学课程在九年义务教育的基础上，以进一步提高学生的科学素养为宗旨，激发学生学习化学的兴趣，尊重和促进学生的个人发展，帮助学生获得未来发展所必需的化学知识、技术和方法，提高学生的科学探究能力"，旨在强调新课程改革要试图培养学生各方面的能力。

为了实践新的课程理念，《高中化学课程标准的教学建议》提出：努力创设生动活泼的教学情境。创设教学情境对于"激发学生学习兴趣，增强学习的针对性"有很大的帮助。同时，在课堂教学中，创设情境有利于发挥情感的作用，促进学习的有效性。随着新课改进程的不断推进，课堂教学的多元化深入人心，"多元化"的实现需要有利于学生心理机能的情境、氛围为环境依托。因此，"创设情境教学"这一概念逐渐得到认可和关注，情境教学也越来越受到科研工作者和一线教师的重视。在课堂的教学情境中，教师通过模拟一定的场景，最大化地吸引学生参与，激发学生的学习潜能，同时关注学生的成长过程和切身感受，让学生在真实的学习活动中体验学习的价值。

新课程改革要求："课程标准、课程内容体系、教学方式、教学评价等方面应从关注课程的'学术性'转为重视课程的'社会性'，最终目的是引导学生将课堂的知识与实际生活相联系，使学生能够用科学知识去解释实际问题。"这就要求教师在施教过程中，及时地将知识进行迁移。适宜的教学情境可以给学生提供实践知识的机会，为学生创造自主思考、自主活动的空间，使学生置身于可以产生疑问、思考的情境中，在教师的引导下一步步通过思考或实验去解决困惑。在这一过程中，应潜移默化地实现课程的三维教学目标，避免出现"重技能，轻过程和情感"的现象，促进知识、技能与体验的结合。

"创设教学情境"依赖于教学活动之前教师对课程的精心设计，同时也需要教师在课堂上对学生的反应和行为及时、准确地加以利用。因此，这并非一朝一夕之事，需要教师从观念上改变原来的教学方式，改变学生的学习方式，引导学生将学习化学知识和化学探究这两个过程有机地结合在一起。

但是，对实际教学情况的调查和研究表明，目前大部分的学校教学并没有体现出新课标的宗旨。注重"结论"轻视"过程"；注重"知识"轻视"育人"；注重机械地向学生灌输，轻视教学情境的设置；注重技能训练而轻视科学思想、方法的渗透；注重知识的传授而轻视人际交往、沟通能力的培养，等等，这些现象仍然普遍地存在。

鉴于时代发展的要求，在教学实践中，教师的教学观念应该被及时地转变，建立新的教与学的方式，合理选择教学策略和教学方式迫在眉睫。人们的学习建立在已有的经验基础上，而学习环境包括情境、协作、会话和意义建构四大要素，因此，创设教学情境已成为当前教学的普遍要求。在化学教学中创设适宜的教学情境，是高中化学面临的重要课题。基于此，本书就高中化学优质课堂情境创设展开全面研究。

由于时间仓促，加之水平有限，难免存在不足之处，恳请读者提出宝贵意见。

目　录

第一章　优质课堂概述

第一节　优质课堂的界定

一、优质教育与素质教育

"优质"的英文为"high quality"。"优"是指优秀的、好的，"质"是指质量，因此，优质是指质量优良，即优秀或优良的品质和质量。

在教育学领域，自20世纪80年代，伴随着世界范围内掀起的声势浩大的教育重建运动，面对政治、经济和文化变革的冲击，世界各国都在进行相应的教育改革。在此背景下，美国里根政府向国会提交了《卓越教育报告书》，提出了教育的"3E"原则，即追求卓越、提升效益和重视公平。这里，"卓越教育"的含义等同于优质教育。为实现国家优质教育的目标，美国专门制定并实施了《1999年全体儿童教育优异法案》，承诺每一个孩子、父母和纳税人在所属的社区都拥有高质量的公立学校教育。对于"优质教育"，有的学者认为，它是一个动态发展的概念，没有一个绝对科学的标准。而在由雅克·德洛尔任主席的国际21世纪教育委员会向联合国教科文组织提交的报告指出，"教育既应提供一个复杂的、不断变动的世界地图，又应提供有助于在这个世界上航行的指南针"。台北市初中的林美娟、兴雅小学的刘建男认为："优质教育是一种重视人性化潜能更大发展的完善教育，包括追求全面品质的提升和注重过程绩效与附加价值。优质教育首要强调的是追求卓越、提升品质，它不仅要求提供更多的教育选择机会，而且要求课程内容、教师素质的提升。优质教育所强调的'绩效'，着眼于'过程绩效'的概念，是指教育工作者在进行教育活动时，要讲求呈现过程、方法和实施技巧；同时，要追求教育的'附加价值'，即努力在原有的教育活动中，增加新价值，如注重发挥潜在课程的功能等。"

何为"素质教育"？20世纪80年代，我国开始有学校自发地提出素质教育的相关设想。应试教育的泛滥进一步制约教育的社会服务功能，在越来越倡导个性解放和发展的时代变革中，"素质"的内涵和结构也随之变化。如果无视这种变化，依然把考试作为教育追求的全部目标，采取残酷的淘汰制度，以大部分人走向失败而告终，忽视学生的个体发展，扼杀他们的思考能力、想象能力和创造能力，教育本应有的"教育性"就会被扭曲和放逐。在此背景下，作为对"应试教育"批判的结果，以提高学生全面素质为宗旨的"素质教育"应运而生。

"素质教育"这一概念是我国的独创，但这一思想早就存在了。以"德、智、体、美、劳"五育来培养社会主义事业的建设者和接班人，就是历史意义上的素质教育内涵的呈现，并且，随着时代的发展，我们对"素质"的理解也悄然发生了变化。例如，对于"知识"的理解，以往强调知识的积累，而素质教育强调发现和创造知识。总的来说，当前人们对"素质教育"的理解是对传统教育理解的完善，更能传达出对人的整体生命价值的关怀。例如，认为关注人的发展是素质教育的灵魂、核心和目标。素质教育注重在教育过程中把人的全面发展放在中心地位，注重人的整体素质的全面提高、个性发展以及创新精神的培养和能力的提高，发挥人的潜力和能力，为人的发展提供条件，并使人有能力掌握自身的发展，将个体的发展与社会发展统一起来。因此，建立在尊重生命、关怀生命成长基础上的"全面发展"和"个性发展"，是对素质教育的另一种诠释。

对于"优质教育"与"素质教育"的异同，陈敬朴认为，优质教育是把"人人享受教育权利与保证教育全过程公平"纳入教育质量评价体系，培养"负责公民的价值观、态度与情感、认知技能与非认知技能、创造性与行为能力"的教育。其中，优质教育的逻辑起点是"教育权利与教育公平"，优质教育的质量目标是"人人享受教育权利与保证教育全过程公平"以及人人成为"负责公民"。

同时，他认为，"素质教育"主要是应对"应试教育"现象提出的，主要针对基础教育，不包括高等教育；素质教育剥离了教育均衡发展。笔者认为，这一观点有些许不妥之处：抛却两者兴起的背景不同，两者都是随时代而发展变化的概念，只看到变化完善中的优质教育而没看到同样在变化完善中的素质教育是不公平的，因为当前，"提高质量""促进公平""均衡优质"也同样是素质教育的核心词汇，在《国家中长期教育改革和发展规划纲要（2010—2020年）》中可以看到这种内涵的体现。总之，两者都是共同追求学生的全面发展和个性发展，因此，两个概念有很多相似之处。此外，素质教育在表达上更体现出"基础性"和"整体性"的含义，因此，笔者认为，"优质教育"也是素质教育的一种体现形式；而本研究所讨论的"优质课堂教学"，笔者虽然借鉴了优质教育和素质教育的相关研究，但仍认为把这个问题置身于时代情境是对素质教育的追求。

二、"优质"与"有效""高效"

"优质"除了字面解释为"质量优良"之外，还是哲学中"质"的范畴，是质量互变规律中的一个关注点。孙延龄、宋润峨认为，近年来，由于系统论、控制论和信息论的广泛应用，优质问题引起了人们的重视；人们已经有了"最佳性能""最佳功能""最佳状态"的提法，这些提法可以归结为哲学上的"优质"概念。所谓"优质"，是指事物所具有的某方面不同程度的质中，适合于某种需要的质；优质是相对于"不优质"而言的，是与"不优质"相区别的一种规定性。而事物是否优质，与组成该事物的组成因素、最佳量、最佳关系、最佳结构、最佳外部条件有关。

优质在教育中的体现，从上文对优质教育的解释中可见一斑。围绕优质教育，还兴起了优质学校研究、优质教育管理研究、优质教育文化研究、课堂优质化研究、优质教师培养研究等。

"有效"一词是直接从英语单词"effective"翻译过来的，是指一件物品或一项活动具有预期所要达到的积极的或肯定的结果的程度。"效"是指效果、效用和效率。所谓"效果",是指课堂教学要努力让学生掌握相应的知识和能力,要促成学生在基本方法和态度上的有效转变。所谓"效用",是指当下的学习应该对后续学习和终身学习有用,注重培养学生的学习兴趣和可持续发展的能力。所谓"效率",是指无论是对学习效果的追求,还是对学习兴趣的追求,都应该建立在确保师生身心健康的条件下,都应该追求低时间、低成本的投入,高效果、高效用的产出。从类型上来说,"效"有大有小,其大小与所付出的代价有关。当付出的代价小而获得的"效"大时,就说其有效;反之,当付出的代价大而获得的"效"小,或者获得的不是我们所期望的"效"时,我们就说其低效、无效甚至负效。而"无效"并非真的无效,只要有教学事件发生,就有效;"负效"就是现实中存在的"反教学"或"误教学"。无效也可称为低效。

"高效"对应的英语为"efficient"。新华字典对"高效"的解释为:"高"是指由下到上距离大的,与"低"相对;"效"是指功用、成果。"高效"是指效能高的、效率高的。另有解释为:"高效"是指效能高、效力大,在相同或更短的时间内完成比其他人更多的任务,而且质量与其他人一样或更好。"effective"和"efficient"的区别在于,"effective"意为有效的,强调一个事件的结果,表示结果很好;而"efficient"意为有效率的,强调一个事件的过程,表示过程很快。从字面意思来看,"高效"比"有效"在程度上更进一步,但是程度差别到底有多大,则比较模糊。这导致"高效"和"有效"两者之间没有实质性的区分,有时甚至可以将"高效"称为"有效"。在一些教学研究中,"高效"和"有效"是通用的。

对于"优质"与"有效"的差异,余文森从教学效果的角度指出,优质的必然是有效的,有效只是我们的一个基本诉求,我们还应该有更高的要求,即"优质"。

"优质"与"高效"在字面意思上存在差异。首先,"优质"既可以指优秀或优良,也可以指优秀或优良的品质和质量,而且更强调质量。也就是说,"优质"既可以作为一个整体的形容词来使用,也可以作为一个完整的偏正结构、有明确对象指向的词语来使用。其次，"优质"更加突出了对"品质"和"质量"的关注；而"有效"和"高效"从字面上会使人产生一定程度的误解，容易误导人们，使人们对"效率"的关注多于对"质量"的关注，虽然他们对质量的关注也是内在的。总之，其本身的标准比较模糊。最后，"优质"重在对内涵特征的描述和价值实现的表达；"高效"则更多地强调投入和产出的关系，凸显的是外在形式。

许多教育工作者针对"高效课堂"开展研究，其中，"高效"含有"优质"的意思，但形式的特征掩盖了对内涵和价值的诉求；也有很多学者针对"优质高效课堂"开展研究，也就是直接将两者结合在一起使用，将其内容和形式融合为一体。本著作使用"优质课堂教学研究"这一说法，是想突出对课堂教学内涵特征的重视。同时，本著作也认为，内涵特征必然促进外在形式的变化，或外在形式附属于内涵特征和价值意义之中，因此，"优质"也必然包含"高效"。

三、"优质课堂教学"与"有效课堂教学"

何为"优质课堂教学"？目前，对于优质课堂教学的含义还没有统一的认识。有研究者认为，对其概念的理解和解释从来都不是一成不变的，也没有一种单一的模式可循。他们分别从不同的角度对其进行了界定。

Simpson 从教师素质的角度进行界定，认为优质课堂教学的基础是教师应该有该学科或该领域的广博的知识，对所教课程的内容有比较深入的了解，并且能够联系其他学科的知识；优质课堂教学应该有一定的计划性，并且教师在教学过程中能够与学生相互交流学习的技巧，能够对学生在学习过程中的表现进行适当的评估和有效的反馈。

随着对学生的关注和对学生主体性的重视，对优质课堂教学的界定也逐渐从教师角度转移到学生角度。Boorer 认为，在优质课堂教学中，学生要有自信，教师要充分尊重学生，有幽默感，以减轻学生学习的焦虑感，应该以学生为中心。概括为一句话，就是优质课堂教学就等于成功的学生。Kember 和 Kwan 指出，优质课堂教学能激发学生对某一学科的兴趣，能帮助他们获得学习某一学科的方法，并使他们有一定的自主性。

Bland 和 Atkins 认为，优质课堂教学是复杂的、具有社会挑战性的工作，是应用一系列教学技能来完成的。Kyriacou 认为，优质课堂教学是指学生在教师的指导下，成功地达成了预定学习目标的教学。与前两者注重教学技能和教学目标的达成不同，Braskamp 等人在优质课堂教学过程中，着眼于教学全过程中的各种因素，从教学的输入、教学的过程和教学的产出三个层面，解释和确定优质课堂教学。Harris 则认为，优质课堂教学是指教师为学生创设学习活动、安排学习任务和提供学习经验，通过有效的教学行为和高效的教学管理，使学生获得情感、认知、价值观等方面的发展。德国学者希尔伯特·迈尔（Hilbert Meyer）从学生发展的角度来界定优质课堂教学，认为优质课堂教学是指有助于学生获得持续有效的认知、情感以及（或者）社会方面的学习成就的课堂教学活动，它是建立在对教学经验研究的基础上的。具体来说，优质课堂教学具有以下内涵：具备民主的课堂文化，建立在教育责任和义务的基础上，形成有成效的工作同盟，有助于培养学生的学习动机和兴趣，使所有学生的各项能力得到持久的发展。

余文森认为，优质课堂教学就是高质、高效、高水平、高境界的教学。优质课堂教学必然是有效课堂教学，但有效课堂教学未必是优质课堂教学。有效课堂教学只是对课堂教学的基本要求，优质课堂教学才是追求目标。新课程呼唤优质课堂教学。其优质性体现在：优质课堂教学坚持三维目标整合的整体发展观，秉承注重思维过程、生活经验、开放建构和整体联系的知识观，倡导主动性、交往性、创新性和体验性的学习观，要求教师由传授者走向促进者，由拥有知识到拥有智慧；优质课堂教学的核心是学生的优质发展，而促进学生的优质发展，则需要优质的知识、优质的学习和优质的教师。

教育工作者周善恒认为，优质课堂教学是一种教学体系，它以现代教育理论和新课程理念为导向，以目标卓越、过程优化、效果优质为价值追求，通过优化教学系统中的诸要素，形成优教优学互动模式，旨在于适度负担的前提下，促进教学质量的大幅度提高，并使学生的学习潜能得到充分开发，素质得到多元化、个性化的可持续发展。其内涵特质主要体现在以下六个方面：一是教学目标的先进性，即以学生发展为本，促进学生全体、全面、自主及可持续发展；二是教学设计的针对性，即关注个体差异，坚持教学过程个别化，满足各层、各类学生的学习需求；三是教学主体的互动性，即确立双方主体互动观，构建主体互动教学组织形式；四是教学内容的综合性，即加强各学科教学内容的有机整合，加强科学知识、人文精神和生活经验的有机整合；五是教学情境的愉悦性，即创设充满愉悦性的生动、和谐的教学审美环境，诱发学生的乐学心理；六是教学旨归的发展性，即关注学生的终身发展，培养和发展学生日后适应、服务和改造社会的自我增值能力。

纪德奎从"课堂教学优质化"这一概念，对优质课堂进行了一个动态诠释。他从"程度"和"价值"两个角度出发，指出课堂优质化需要有一流的教学活动，培养出优秀的学生，以此来满足家长和社会的需求。他进一步指出，课堂优质化是一个发展性的范畴，是受当时、当地的政治、经济和文化等因素制约的，是参照一定的对象得出的比较结果；没有超越时空的那种永恒的"优"，也不存在那种绝对的"优"或孤立的"优"。所以，当前对课堂优质化的研究，应置于新一轮课程改革的视野中进行。新课程改革背景下的课堂优质化应具有三个递进的向度：质量向度、过程向度和价值向度。由此总结，"课堂优质化"就是指能够生成优质课堂文化和课堂关系，具有优质的课堂组织与教学，使课堂真正发挥多种功能、完成多重任务，最终使学生达到新课程标准的三维目标，并促进师生共同可持续地、和谐地发展的过程。

此外，"优质课堂教学"和近来人们经常使用的"有效课堂教学""优质课""高效课堂"有何区别？从前文对"优质"和"有效""高效"的辨析可以看出，"优质"涵盖了"有效"和"高效"，但"优质课堂教学"更加鲜明地聚焦了我们对课堂的价值期望，展现了课堂的内涵特征。而人们通常所说的"优质课"

并没有固定的模式和标准，它是对一类课堂的模糊、笼统的归类。例如，将教师的"公开课""示范课""比赛课"都称为"优质课"，主要是表达其是"好课"的意思。马迎认为，优质课之"优"主要体现在其先进的教学理念、独到的教学设计、恰当的教学方法和手段上，体现在其可供人们学习借鉴的"示范作用"上。而开展"优质课"评比活动，是为了进行教育教学交流，推广先进教育教学经验，从而促进教育教学工作的开展。对它们的评判标准带有情境性和主观性。例如，全校范围选出的"好课"称为"优质课"，全区范围选出的"好课"也称为"优质课"，但是全校范围的"好课"一旦和全区范围的"好课"相比，可能就不"优质"了。此外，全校选"好课"时有一个学校的标准，甚至同一区内，一所学校的标准和另一所学校的标准也是不同的；全区选"好课"时有一个全区的标准，这个区和那个区选"好课"的标准也是不同的。

"高效课堂"概念经历过内涵的演变。此概念原本是指高效率的或高效益的课堂教学，后来，随着人们对"杜郎口中学教学模式"的关注，一些研究者对"杜郎口中学教学模式"进行进一步的提炼、总结，以"高效课堂"这一概念来概括和表达"杜郎口中学教学模式"及与其类似的教学模式。但许多研究仍在一般意义上而非特定"杜郎口中学教学模式"的意义上使用"高效课堂"，即高效率的课堂教学。

四、优质课堂教学的内涵

总之，人们对于"优质课堂教学是什么"有诸多不同的理解，但总的来说，优质课堂教学是指在有限的时间内，以最大限度地促进每一个学生和教师的内在发展为旨归，在愉悦的氛围中，关注由智慧的教师引导主动的学生和学生小组积极思维、积极交往、积极展示的过程，并关注师生获得持续、有效的认知、情感以及各种能力的高质、高效、高水平、高境界的课堂教学。通俗一点来说，就是学生在不加班加点的情况下，在愉快的心境中，在积极、自主的参与中，掌握了知识，提高了可持续发展的能力，获得了积极生活的自信心。

具体来说，优质课堂教学体现了素质教育的追求，素质教育对高质量、教育公平（质量公平）的诉求，都能在优质课堂中体现。我们至少可以从过程、结果、师生精神状态和价值四个方面来描述优质课堂教学。在过程中，学生有更多的时间自主或合作解决问题，或者通过师生互动、小组合作、探究、对话、质疑、展示等活动，不仅掌握知识、技能，还掌握作为一个社会人应该具有的能力和性格，如批判、交往、思考、责任、果敢等。在结果处，尽可能使每一个学生对教师所教的内容不仅掌握得很快，而且掌握得很深刻，例如学会应用，学会举一反三；更重要的是使每一个学生积累起为幸福人生奠基的性格，也就是说，不仅使学生对所教内容的掌握程度比较优质，而且使学生在其中潜移默化形成的素质也是优质的。在整个过程中，师生不是靠苦学、苦练实现这些目标的，而是在愉悦的心境中实现这些目标的。优质课堂教学不是指具体某一节课，而是指某一类课的集合；不是针对学生在某一节课上具体得到了什么，而是针对学生在一段时间的课堂教学后所得到的。优质课堂教学的价值在于促进师生的生命精彩和基于自主的身心可持续发展。

第二节 优质课堂的建构标准

一、优质课堂教学标准的制定基础

优质课堂教学标准的建构不是单纯地凭借空想得来的，它不仅要根植于实践的需要，还应反映当前教育基本理论、课程与教学研究以及其他相关研究的最前沿，因为它们为优质课堂教学标准的建构指引了方向，而且，优质课堂教学标准"要与这些新的理念相一致才能具有有效性和合理性"。

（一）理论基础

1.素质教育理论

素质教育是指一种以提高受教育者诸方面素质为目标的教育模式，其重视人的思想道德素质、能力培养、个性发展、身体健康和心理健康教育，与应试教育相对应。而"素质"是个体在先天基础上，通过后天的环境影响和教育训练而形成的顺利从事某种活动的基本品质或基础条件。素质以先天生理解剖特点为基础，是先天禀赋和后天习得才能的"合金"，具有整体性、相对稳固性、功能潜在性、本源性、内源性、内化性、发展性、全民性、现实性和层次性等特点。

20 世纪 80 年代，我国开始有学校自发地提出素质教育的相关设想。随着时代的发展以及我国对高素质人才越来越多的需求，教育教学实践效果远远落后于社会的需要；当时流行的"学好数理化，走遍天下都不怕"的豪言壮语越来越没了底气，人们开始对"高分低能"等问题进行探讨，产生了素质教育兴起的前奏。应试教育的泛滥进一步制约教育的社会服务功能，在越来越倡导个性发展和解放的时代转型中，人们的"素质"内涵和结构也随之变化；而如果无视这种变化，依然把考试作为教育追求的全部目标，采取残酷的淘汰制度，以大部分人走向失败而告终，忽视学生的个体发展，扼杀他们的思考能力、想象能力和创造能力，教育本应有的"教育性"就会被扭曲和放逐。在此背景下，作为对"应试教育"批判的结果，以提高学生全面素质为宗旨的"素质教育"应运而生。

随着对素质教育认识的逐步深入，当前人们对素质教育的理解更多地表现出对传统教育理解的完善，传达出对人的整体生命的价值关怀。例如，认为关注人的发展是素质教育的灵魂、核心和目标。素质教育注重在教育过程中把人的全面发展放在中心地位，注重人的整体素质的全面提高、个性发展以及创新精神的培养和创新能力的提高，注重发挥人的潜力和能力，为人的发展提供条件，并使人有能力掌握自身的发展，将个体的发展与社会的发展统一起来。因此，建立在尊重生命、关怀生命成长基础上的"全面发展"和"个性发展"是素质教育的另一种诠释。

2.建构主义教学理论

建构主义教学理论是 20 世纪 90 年代兴起于美国的一种教育理论，其源于对传统教学理论强调目标和过程的分离、去情境化、教师中心、学生被动等方面的批判和发展，并基于多元社会发展的需要以及知识经济时代对人们学习方式的挑战，建构了新的知识观和学习观。

建构主义教学理论具有深厚的哲学基础和心理学基础。自 18 世纪意大利哲学家詹巴蒂斯塔·维柯（建构主义先驱）在其著作《关于各民族的本性的一门新科学的原则》（1725 年出版）中指出人类具有对文明社会以及人类自身的创造性，并以自身独特的形式对周围的环境做出反应以来，人类在认识过程中与环境的互动便被凸显出来。近代德国著名哲学家康德（Kant）强调经验在人类认识中的重要作用，认为"一切知识都是从经验开始的，但是并不能就说，一切知识都是从经验而来的"。那么经验何来？经验获得的过程就是主体利用内部已经获得的基本认知、原则，去组织新的认知、原则的过程。由此可以看出，人类在认识过程中具有主体能动性。奥地利哲学家维特根斯坦的"语言游戏说"强调学习者个体对理解事物的重要意义。杜威基于对传统教育压抑儿童人性的批判，强调儿童应在与环境的互动中进行学习。瑞士著名认知心理学家皮亚杰（Piaget）对建构主义教学理论的发展具有奠基作用，他特别突出了儿童在学习中的主体地位，认为学习是儿童自觉地、自发地进行的认知图式的建构，而不是教师强迫灌输的结果。美国著名心理学家布鲁纳提出结构主义教学理论，并认为，要让学生掌握学科的基本结构，就应该让学生参与知识结构的学习过程，而"发现法"是最好的方法。他还认为，学生在一定的问题情境中可以像科学家一样进行探索和学习，发现事物之间的联系，形成概念，获得原理。苏联杰出的心理学家维果茨基强调社会文化历史在心理发展上的作用，尤为重视儿童的人际交往对其社会发展的作用。美国现代著名人本主义心理学家凯利的个人建构理论强调认识的个人差异，他认为，每个人都有对世界的不同的个人表征。这些都为建构主义教学理论的丰富和完善奠定了思想基础，从中也可以看出，建构主义教学理论并不是一种确定的教学理论形式，但这些理论有一些共同的要素：强调人类认识的主体性和能动性以及人类与环境的互动。

在以上哲学和心理学基础上形成的建构主义教学理论是对以往传统教学理论的根本超越。在知识观上，该理论认为，知识是一种对现实的较为可靠的假设，不是绝对正确的；书本知识也不能成为解释现实的"模板"，而且知识的真正意义是在被学生主动建构、纳入认知结构中才产生的。因此，在教学过程中，建构主义教学理论强调学生的主体性和能动性；教师鼓励学生在设置的教学情境中主动参与、自主建构认知结构，最大限度地激发学生的学习激情，鼓励他们在互动中协作学习，而教师自身则作为学生建构意义的引导者和帮助者；教学内容主要是具有情境性的、问题化的，并注重教学资源的拓展和运用；教学方法主要有抛锚式教学、随机进入教学、认知学徒制教学、支架式教学、交互式教学等。

总之，建构主义教学理论强调学生在学习过程中的"意义建构""情境""协作""对话"等作用，强调学习的个体意义，例如自我发现、自我设计、自我调控的能力培养，以使学生积极地、能动地参与意义建构的过程。

（二）政策基础

国家、省、市制定的各项教育政策为优质课堂教学标准的制定提供了方向，对标准内容的规定具有重要的参考价值。

1.政策基础一：《基础教育课程改革纲要（试行）》

2001年，教育部颁布的《基础教育课程改革纲要（试行）》中对教学应该"教什么、怎么教"有了明确建议。"基础教育课程改革的具体目标"中指出："改变课程过于注重知识传授的倾向，强调形成积极主动的学习态度，使获得基础知识与基本技能的过程同时成为学会学习和形成正确价值观的过程；改变课程内容'难、繁、偏、旧'和过于注重书本知识的现状，加强课程内容与学生生活以及现代社会和科技发展的联系，关注学生的学习兴趣和经验，精选终身学习必备的基础知识和技能；改变课程实施过于强调接受学习、死记硬背、机械训练的现状，倡导学生主动参与、乐于探究、勤于动手，培养学生搜集和处理信息的能力、获取新知识的能力、分析和解决问题的能力以及交流与合作的能力。"

在"教学过程"建议中指出："教师在教学过程中应与学生积极互动、共同发展，要处理好传授知识与培养能力的关系，注重培养学生的独立性和自主性，引导学生质疑、调查、探究，在实践中学习，促使学生在教师指导下主动地、富有个性地学习。教师应尊重学生的人格，关注个体差异，满足不同学生的学习需要，创设能引导学生主动参与的教育环境，激发学生的学习积极性，培养学生掌握和运用知识的态度和能力，使每个学生都能得到充分的发展。"

2.政策基础二：《义务教育课程标准（2011 年版）》

2001 年，我国开始了第八次基础教育课程改革，基础教育课程从理念到实践都发生了巨大的转变。经过十多年的实践探索，体现素质教育理念的基础教育课程体系得到师生和社会的认同；同时，在课程标准执行过程中，一些标准的内容、要求有待调整和完善。为贯彻落实《国家中长期教育改革和发展规划纲要（2010—2020 年）》，适应全面实施素质教育的要求，深化基础教育课程改革，提高教育质量，教育部组织专家对义务教育各学科课程标准进行了修订与完善，于 2012 年 2 月正式印发义务教育语文等学科课程标准（2011 年版），并于 2012 年秋季开始执行。修订后的课程标准对执行中的有关要求做了明确说明："深入推进教学改革。课程标准是教学的主要依据。各地要引导广大教师严格依据课程标准组织教学，合理把握教学容量和难度要求，调整教学观念和教学行为，重视激发学生学习的主动性和积极性，控制好课业负担，不断提高教学质量和水平。要充分整合专业资源，建立专家咨询和指导系统，围绕课程标准实施的重点、难点问题开展深入的教学研究和实践探索，特别要加强对农村地区学校的跟踪指导和专业支持。"

而每门学科课程标准中都有对学科教学的具体建议，例如，《义务教育语文课程标准（2011 年版）》在第三部分——"实施建议"之"教学建议"部分指

13

出教学要求："充分发挥师生双方在教学中的主动性和创造性；在教学中努力体现语文课程的实践性和综合性；重视情感、态度、价值观的正确导向；重视培养学生的创新精神和实践能力。"

学科课程标准为优质课堂教学的实施和标准建构提供了更为具体和详细的借鉴。

二、优质课堂教学标准的建构

（一）原则

1.国际视野与本土实际相结合的原则

在全球化和信息化背景下，任何一项变革都不能摒除对世界的关注，因为我们的变革总是带有世界的痕迹，我们也总是试图通过变革的方式来融入世界，教育的变革也是如此。尤其是第八次基础教育课程改革，它借鉴了大量的国外教育教学理论，给我们以往传统的教育教学带来了巨大的冲击。虽然有些专家、学者对此充满了担忧，正如格林所说，"如果各种关于教育全球化的理论描述哪怕只有一半成为现实，那么国家教育的存在基础都将不复存在，民族国家将失去对国家教育体系的控制能力，教育再生产'民族文化'的空间将受到极大的挤压"，但不能否认的是，当前各国、各地区之间的文化教育交流越来越密切，对有些教育理念的认同已成为许多国家的共识，例如生命发展、综合素养培养等。对国外先进教育理念的接触和认同并不代表我们丧失了自己的教育理想和实际需要，因为国外理念引起共鸣必然也是源于自身教育出现了可以以此理念来解决的问题，更何况有些教育理念是一种我们还未曾运用在实践中的规律性总结。因此，建构优质课堂教学标准要有国际视野，但更应该和本土实际需要相结合。本土实际需要是建构优质课堂教学标准的基础和出发点，国际视野的存在应该为本土实际需要服务。

2.应然要求与课改现状相结合的原则

应然要求是由想象力支持的一种理性，其包含了我们对教育的理想和信念、对后续教育思路的看法和态度，以及由此确立的达成目标和解决对策。它对当前开展的教育活动具有引导作用和一定的规范、反思作用。但是，我们不能只盯着教育的应然要求，还应该将应然要求和课堂教学改革的现状结合起来。倘若只关注应然要求而忽视现实情况，就会带来一种教育的灾难，因为表现出来的"坚持"会不可变更地导致某些教育工作者去尝试把他们认为更高级的价值标准强加给其他人，尤其是一些掌握教育话语权的人，打着这样的旗号：为了更好地提高教育教学水平。结果就是，脱离课堂教学改革的需要和现实必然会导致乌托邦主义和浪漫主义。

因此，再美好的教育想象也需要和最糟糕的教育现实结合起来，只有这样，才能让想象逐步变为现实。我们需要深刻考虑学生需要什么样的发展、什么样的教学，教师对课堂教学改革有什么看法和态度，教师需要什么样的发展，目前能提供什么样的支持，能在哪些方面做出改变，这些改变是否有效等问题，对这些问题都应该做出回答。总之，教育想象的理性应该植根于坚实的教育现实，这样的理性才是合理的，才能使我们避免走向虚无。

3.前瞻性与可操作性相结合的原则

标准不能落后于时代，既要具有引领作用，又要具有可操作性。优质课堂教学标准应该反映课堂教学的先进教育理念，代表时代对教育的需求，例如知识观的转型、素质教育的需求、激发学生主动性和积极性的学习方法等都应出现在标准中。但这些标准又不能太抽象、概括。有些标准以"设计合理、参与面广、合理分工、语言规范"等词语表述，这些标准比较空洞，找不到参照点，不具有可操作性。因此，标准在表述时应该被予以一定的条件，并且这些标准的重要程度如何都应该呈现出来。另外，优质课堂教学标准与以往教学标准相比，更应该具有创造性，在标准内容的条目上，应体现出"优质"的意蕴。

（二）建构优质课堂教学标准的理性思考

1.呼唤师生发展的生命价值

生命是人作为人的基础，是人存在的前提和依据，也是人追求的价值和目标。因此，直面生命现实的教育，就要帮助学生发展和提升，要对学生的生命进行关注和呵护。然而，在以考试为导向的课堂教学中，当课堂教学的标准仅仅被作为应试的工具和目的时，师生的生命表现出"被控制"且无力挣脱的无奈。尤其是当教师的社会关系和经济关系与考试成效所带来的奖惩建立"线性决定关系"时，师生的生命更成了工具和附庸，课堂教学标准也仅仅体现出工具价值。不仅如此，在此标准下的教师无形中又会成为追求工具价值的帮凶，打着为了学生的旗号，竭力要求学生考上名牌学校。于是，教育已经不是"好人"的教育，而是"工具人"的教育；教育日益成为技术的训练，它关心的是怎样训练人的技能或者扩充人作为"职能人"的功能，而不是德性的实践和养成。于是，教育场域中的工具性行为也愈演愈烈，成为学生学习痛苦的重大根源。

当唱响教育的生命旋律时，课堂教学首先应打破"被控制"的桎梏，走向生命的自主和发展，这也正是教育的本意。因此，课堂教学标准应是促进师生发展和生命成长的手段。

学生生命发展的关键是教师在每一节课堂教学中关注每一个生命价值，让每一个学生都得到最大限度的发展，因此，"有区别地教学"具有重要意义。这种教学不仅关注学生的学习时间变量，也关注实现学习目标的学习方法和学习内容的差异。汤姆林森认为，"区别性教学"可以从内容、进程、成果和学习环境四个方面来进行。例如，从内容来说，可以选择不同阅读水平的阅读材料、课文磁带、与学生阅读水平相对应的词汇或拼写，通过视听手段呈现的思想观念等。

总之，学生生命发展的意蕴体现在制定课堂教学标准的各个方面，例如课堂教学目标的制定、教学内容的整合、教学过程的实施、教学方法的运用等，它们都能体现学生的积极性、主动性，体现素质教育和终身发展的要求。

2.融合优质课堂教学的关键点

从对国内外课堂教学标准的梳理中可以发现，这些标准产生的依据是不同的：有的是针对传统课堂的弊端而提出的，有的是根据对课堂本质的理解而提出的，有的是在对课堂标准的历史考察的基础上形成的。由于标准产生的依据不同，其考察的侧重点也不一样：有的重点考察教师的教学素养和教学技能，有的重点考察学生的发展程度，有的重点考察学生对知识的掌握程度，有的则兼而有之。由此可以看出，课堂教学标准随着制定依据的变化而表现出不同的针对性和多元化特征。

上文已有对"优质课堂教学"的描述，已从"过程、结果、师生精神状态和价值"四个方面对"优质课堂教学"的关键点进行了定位：以"目标卓越、过程优化、效果优质"为价值追求，重视教学目标的建构、教学内容的整合、教学过程的深刻和生动、教学效果的扎实和有效。

对优质课堂教学关键点的重视，要求我们的课堂教学从关注浅表转向关注发展内涵。我们知道，中医学的理论是治病求其本，标本必分清；其强调的是：为医者治疾，先要弄清病之现象（标）和本质（本）的关系，而后再给予有针对性的治疗，方可显成效。同理，课堂教学要实现"优质"，也首先要区分出标与本的问题。但由于应试倾向和管理思想的盛行，课堂教学有时淡忘了学生可持续发展和终身发展之"本"，其结果是"无根之树必倒"。具体来说，以往的课堂教学标准往往关注一些近期可以量化的结果，例如注重学生的考试成绩、课堂表现等，仍然停留在即时的形式和浅表内容上。而那些影响学生终身发展的因素未被考虑或被忽略，但这些恰恰是促进师生生命发展、走向幸福必须要关注的方面。

3.重视师生的"内部自我"

注重师生生命发展的优质课堂教学标准必然要关注学生的心理活动。不管是对学习意义的体味，还是对生活状态的认可，都必须内化为学生内心的感受，才能积淀为学生的幸福味道。但目前的课堂教学标准，大多凸显的是一些可外显的师生行为，而忽视了师生的内心世界。师生的"内部自我"是实现师生生命发展的基础。

17

正如金生鈜教授对"什么是美好生活"问题的回答一样："（对这一问题）没有确定和唯一的回答，因为美好生活就是相对于每个人而言是'自然好''自然正确'的生活，是每个人值得过的生活，也是在现实中可以体验但不存在的理想生活，是现实向着这个理想去超越的生活……"正如对美好生活的感知一样，每个教师和学生都有对优质课堂教学的感知，这牵动着他们的情感，也迫切需要他们以积极的态度和情感融入课堂教学，即需要绽放他们"内部自我"的能量。

师生的"内部自我"主要是教师和学生的个体因素。例如教与学的内驱力、动机、情感、经验、信仰等因素，它们不仅是教师和学生各种外显态度、情感和行为生发的源泉，而且还为外显态度、情感和行为提供自觉的监控和调整。师生的"内部自我"为实现优质课堂教学提供了更有意义的支持，也可以让师生，尤其是教师检视内部世界的心声，他们只有这样才能直面自己的问题，找到制约优质课堂教学的症结所在。

（三）优质课堂教学标准的使用建议

该课堂教学标准主要是为教师实现优质课堂教学提供一种思路和引导，它是教师开展课堂教学的一个重要参照，也是教师反思课堂教学的一个基点。更重要的是，笔者希望该课堂教学标准能为教师传达这样的讯息：以研究的态度和精神时刻审视自己的课堂教学，将"优质"作为一个永恒的教学追求。

1.实用但不功利

何谓"实用性"？"实用性"乃"经验合理性"的概括或提升；"合理性"亦即"理性"，是人们在社会生产活动过程中基于经验认识的一种价值判断；"实用理性"是人类最基本的理性形态。人类最基本的、最早的教育形态是实用理性教育，也就是为人类生存服务的教育，因为理性的产生、形成是人类千百年来积淀、博弈、选择的结果。在当今时代，理想教育的主要形态就是理想的实用理性教育，它强调在生活实践中同时关照"善"的教育，是教育理想和教育现实的综合反映。

优质课堂教学标准和人类的实用理性的逻辑思维一样，在强调实在的价值功能的同时，又能实现诗意的理想追求。它虽然带有一定的工具性，但和"功利"的标准有所区别。在一般的语境中，功利教育是唯利是图的教育，是为了生存、谋利而不择手段的教育。这一点也是优质课堂教学标准应避免的，即不试图以一个具体的量化分值给教师打分，而是建议以定性和定量相结合的方式为教师的教学提供参考，以保持教师对教学过程中隐性因素的敏感和清醒，保持教学过程的丰富性和深刻性。"事实上，当我们企图想利用简单的标准或指标来评价教学，又用这个评价结果来衡量教师工作好坏的时候，我们实际上已经在远离有效教学。分等，持续的分等，特别是这种分等与教师的收入、奖金、晋级等挂钩的时候，只能使教师对教学失去兴趣。"

"教育的本质不仅在于为了人的生存，也在于为了人类的向善和利他，这也是人类千百年来博弈的结果。"而人类教育的"向善"和"利他"实际是道德理想和理性的反映，所以，教育活动中也必须有教育的想象，但并不能认为理想的教育就是诗情画意的教育，就是超越了人的实用性追求的教育。

同样，优质课堂教学标准在应用过程中，不能忽视对课堂教学的实用价值的追求而陷入过度浪漫主义。例如，不能因为敏感而回避对考试的关注，而是要正视考试的作用，发挥其应有的功能。

2.灵活运用指标

第一，根据情境需要来运用优质课堂教学标准。优质课堂标准主要是对课堂教学状态及成效的一种描述，其实质就是一种价值判断，即评价主体对某一堂课好或坏的程度做出的判断。评价主体的背景、观念、经历、价值观等存在差异，所以，他们对同一堂课会做出不同的评价，不存在"放之四海而皆准"的标准。同时，课堂教学标准具有很强的情境性，对于不同的学科、不同的教学对象，其标准是不同的。因此，有关课堂教学标准的研究，都只是给我们的课堂教学标准提供了一个参考框架。我们不应将其绝对化、教条化，而应考虑其相对性和情境化。

第二，对优质课堂教学标准的运用，可以根据课堂教学改革的阶段来相应进行。有的学校在实施课堂教学改革时，不是从整体的改变来进行的，而是从课堂教学涉及的某些环节或要素着手。

第三，需要在实践中不断完善、创新优质课堂教学标准。"优质"的内涵会随着时代发展而不断变化，其本身便蕴含着与时俱进的潜质和意蕴；优质课堂教学标准也会随着时代发展和课堂的不断演化而发生变化，它不是一个终极性的标准。因此，需要不断赋予优质课堂教学标准新的时代内涵，根据实践需要对其做进一步地调整、创新。

第四，鼓励教师在教学中的创造性。优质课堂教学标准为教师提供进一步提升课堂教学质量的参考，增强教师不断追求优质课堂教学的意识。优质课堂教学标准不是对教师的束缚，而是为教师提供了更多创造性的空间。总之，优质课堂教学标准不是凸显特定的教学风格、方法或模式的要求，而是为教师提供一个不断追求"优质"的创造、对话和反思的平台。

第二章　高中化学教学理论

第一节　化学教学的基础理论

一、学习理论

学习理论是心理学中最古老、最核心也是发展最成熟的领域。学习理论试图解释学习是怎样发生的，它有哪些规律，它是怎样的一个过程，如何才能进行有效的学习等问题。但由于个人的观点、学科背景、研究方法不同，所以形成了不同的学习理论流派。下面将介绍三大学习理论，分别是行为主义学习理论、认知主义学习理论和建构主义学习理论。

（一）行为主义学习理论

行为主义是由美国著名心理学家华生创立的。行为主义学习理论是在对动物学习进行实验研究的基础上，通过揭示动物学习过程中一些外显的行为变化，从而推断人类的学习过程和规律，并据此总结出来的学习理论。在行为主义看来，学习就是S-R的联结，其中，S表示来自外界的刺激，R表示个体接受刺激后的行为反应，学习的过程就是获得这些联结或建立联系，学习的条件是不断地得到强化。

行为主义学习理论的主要代表有华生的刺激－反应说，斯金纳的操作学习理论等。

1.华生的刺激－反应说

华生认为，学习过程是把条件刺激与条件反应组织起来，形成联系的过程，即行为习惯形成的过程。在华生看来，不仅动物的学习在于形成习惯，人类的学习也在于形成习惯。人的各种行为不外是"肢体的习惯""言语的习惯"和"肺腑的习惯"，这些都是通过条件反射建立 S-R 联结而形成的。华生根据经典性条件反射理论做了著名的婴儿恐惧形成实验，即让一个 11 个月的婴儿首先接受小白鼠的刺激，婴儿马上发出害怕的声音，随后反复多次，让婴儿对小白鼠更加害怕，结果，最后婴儿对任何有皮毛的物体都感到害怕。根据这个实验结果，华生认为，学习的实质就是经典性条件反射的建立，即形成刺激与反应的联结（S-R），学习的过程就是条件反射形成的过程，即形成 S-R 的过程。

2.斯金纳的操作学习理论

斯金纳是美国著名的新行为主义的代表人物，他把行为分为两种：一种是应答性行为；另一种是操作性行为。应答性行为由刺激所控制，是被动的；而操作性行为是自发的，无法确定反应的出现是由何种刺激所引起，它代表着有机体对环境的主动适应，是心理学研究的主要对象。

斯金纳认为，应答性行为所导致的是反应性条件反射，而操作性行为所导致的则是操作性条件反射，斯金纳为研究操作性条件反射理论，设计和发明了"斯金纳箱"，即把一只小白鼠放在箱子里，小白鼠偶然碰到实验者故意设置的杠杆时，食物就会落下，经过多次尝试和强化，小白鼠就建立了按压杠杆的操作性条件反射，而其他行为如乱窜乱跑则因缺乏强化不能保留下来。因此，斯金纳认为，操作性条件反射的建立依赖于两个因素：操作和强化。在教学中，行为主义学习理论把"强化"看作教学的核心，认为对学生的行为要给予表彰和鼓励，还要尽量少采取惩罚的消极强化手段，只有强化正确的"反应"，消退错误的"反应"，才能取得预期的效果。例如，教师问学生："常温下，金属钠在空气中缓慢氧化生成了什么物质？"如果学生回答生成氧化钠，教师再给予肯定，那么学习就发生了。在这里，教师的问题就相当于刺激，学生正确的回答就是反应，而教师的肯定与表扬则是强化。因此，教师在教学中除了应该考虑如何在刺激和反应之间形成联系，更应该注意并使刺激与反应之间的联系得到强化与维持。

（二）认知主义学习理论

20世纪50至60年代，认知心理学兴起，认知心理学家开始应用信息加工的观点来探讨学习的过程和规律。他们认为，学习是通过有机体进行积极主动的内部信息加工过程形成的新的完形或认知结构。

1.格式塔的顿悟－完形学习理论

格式塔学派产生于20世纪初的德国，主要代表人物有韦特海默、考夫卡、苛勒。

格式塔的顿悟－完形学习理论建立在对黑猩猩的学习进行研究的基础上，经过对黑猩猩的实验研究（最著名的是"叠箱实验"：实验者将香蕉挂在天花板上，黑猩猩够不着，但是它通过观察发现周围的纸箱可以用，于是将几个纸箱叠起来，站在纸箱上就可以够得着香蕉。还有接竿实验，黑猩猩被关在笼子里，笼子外面放着香蕉，香蕉的旁边放着一根长竹竿，笼子里面放着一根短竹竿，黑猩猩仅用短竹竿或长竹竿是够不着香蕉的，但是用短竹竿能够得着长竹竿，经过一番思考后，黑猩猩能够把长竹竿划过来，再把两根竹竿接起来，从而够到香蕉）。苛勒认为，黑猩猩之所以能够解决如此复杂的问题，是因为当黑猩猩遇到问题时，它会审视周围的事物，并对刺激情境进行组织，形成一个整体结构（完形）。当它突然理解纸箱或竹竿与香蕉之间的关系时，就会产生顿悟，从而找到解决问题的办法。因此，苛勒认为，学习是通过对学习情境中事物关系的理解构成一种完形而实现的。

格式塔的顿悟-完形学习理论强调学习过程是有机体内部进行复杂的认知活动（组织活动）而实现顿悟的过程，而不是尝试错误的过程；它强调学习是从问题情境的整体出发去知觉、学习、记忆，而不是刺激－反应的联结。

2.布鲁纳的认知－发现学习理论

布鲁纳，美国教育心理学家。布鲁纳认为，学习就是认知结构的组织和重新组织，而知识学习就是在学生的头脑中形成各学科的知识结构，布鲁纳又称之为"编码系统"。它是一系列相互关联的、非具体性的类目，是人用以感知外界的分类模式，是新信息借以加工的依据。这个编码系统不但能接收外界信息和组织信息，还能在所得信息之上产生富有创造性的行为。各学科的知识结构是学生学习要掌握的主要内容，因此，使学生掌握各门学科的基本结构也是知识教学的主要目的。

布鲁纳一方面强调知识的习得过程是一种积极的过程，另一方面又积极倡导知识的发现学习。发现学习，就是指学生通过自己独立阅读书籍和资料，通过独立地思考而获得新知识的过程。发现学习对于学生来说有以下优点：①有利于激发学生的智慧潜力；②有利于激发学生的内在学习动机；③有助于学生发现新的试探方式。但是，布鲁纳认为，发现学习对学习者本身的素质具有一定的要求，如学习者要具备善于发现学习和比较有逻辑的认知能力。

（三）建构主义学习理论

建构主义把学习看成建构过程，是以新旧知识经验的相互作用来解释知识建构的机制。早在皮亚杰与维果茨基的理论中就已有了建构的思想。美国心理学家威特罗克可以看成是建构主义学习理论的一个代表。现如今的建构主义者主张世界是客观存在的，但对世界的理解及对世界所赋予的意义，则是由个人自己决定的。建构主义学习理论认为，学习是学生通过新旧经验的双向作用建构自己的经验体系的过程，它的基本观点有知识观、学习观、学生观和教师观。

1.建构主义的知识观

建构主义者强调，知识只是人们对客观世界的一种假设，并且这个假设会随着人们认识的深入而不断修正。而在具体的问题情境中，人们需要利用原有的知识经验对它进行加工和改造，再加上知识并不是以实体形式存在的，所以对于知识的理解，必须由学生自己独立建构。因此，知识不是由教师传授给学生的，而是学生处于一定的问题或真实的情境中，在他人的帮助下或自己独立通过意义建构的方式主动得到的。

2.建构主义的学习观

学习是在一定的社会文化背景下，学生在别人的帮助下或通过自己的独立活动而实现的自己对世界认识的意义建构的过程。所以，"情境""协作""会话"和"意义建构"是学习环境中的四大要素。其中，情境是意义建构的基本条件，教师与学生之间、学生与学生之间的协作和会话是意义建构的具体过程，而意义建构则是建构主义学习的最终目的。所有建构的意义是指事物的性质、规律及事物之间的内在联系。在学习过程中帮助学生建构意义，即帮助学生对当前学习内容所反映事物的性质、规律及事物与其他事物之间的内在联系有深刻的理解。

3.建构主义的学生观

建构主义的学生观包含以下几点：

（1）强调学生的经验。建构主义理论认为，知识是主体个人经验的合理化。因而在学习过程中，学生之前的知识经验是非常重要的。而且，学生不是空着脑袋进入教室的，由于生活经验的一定积累，他们已经形成一些观念，所以，当问题摆在他们面前时，他们能用自己的认知能力对问题进行解释。所以建构主义认为，教学要把学生现有的知识经验作为新知识的生长点，努力尝试引导学生从原有的知识经验中生成新的知识经验。

（2）注重以学生为中心。既然知识是学生主动建构的，那么，学生就必须主动地参与到学习过程中，并且要根据自己已有的经验来建构新知识的意义。所以，教学不是知识的传递，而是知识的处理和转换。教师并非简单的知识呈现者，所以更应重视学生自己对各种现象的理解，并以此为切入点，引导学生丰富或合理调整自己的理解。

（3）尊重学生的个人意见。知识只是个人经验的合理化。因此，建构主义理论主张不以正确和错误来区分人们不同的知识概念。

4.建构主义的教师观

建构主义提倡在教师指导下的以学生为中心的学习，认为教师是意义建构的帮助者、促进者，而非知识的纯提供者和灌输者。

教师要成为学生建构意义的帮助者，就要在教学的以下几个方面发挥作用：

首先，教师要想方设法激发学生的学习兴趣，让学生产生想要学习的学习动机；其次，教师需要通过创设合适的情境及向学生提供新旧知识之间的联系，让学生能够根据已有知识经验和信息提示自主地建构知识的意义；最后，教师为了能够让学生的意义建构变得有效，则应该在尽可能的条件下，组织合作学习，让学生在合作学习的过程中使得新学习的知识能够得到正确的意义建构。

二、教学理论

教学理论是在长期的教学实践中，通过不断对教学经验进行总结，并以教育基本理论、心理发展理论和学习理论作为重要基础，逐渐形成和发展起来的一种新的理论。一般来说，教学理论是指研究教学的现象、问题，揭示教学的一般规律，研究利用和遵循规律解决教学实际问题的方法、策略及技术的系统理论。一般教学理论与化学教学理论有着密切联系。20 世纪后半叶，各种教学理论蓬勃发展，其中，不少理论产生了较大的影响，它们也对化学教学产生了较大的影响，成为化学教学的理论基础。

（一）斯金纳的程序教学理论

斯金纳根据行为主义原理，认为教学的目的就是提供特定的刺激，以便引起学生特定的反应，因此，教学目标越具体、越精确越好。在斯金纳的程序教学理论指导下的教学过程包括以下五个阶段：

（1）具体说明最终的行为表现。确定并明确目标行为，具体说明想要得到的行为结果，制订测量和记录行为的计划。

（2）评估行为。观察并记录行为的频率，如有必要，记录行为的性质和当时的情景。

（3）安排相倚关系。做出有关环境安排的决定，选择强化物和强化安排方式，确定最后的塑造行为的计划。

（4）实施方案。安排环境并告知学生具体要求，维持强化和塑造行为的安排方式。

（5）评价方案。观测所得到的行为反应，重现原来的条件、测量行为，然后回到相倚安排中。

程序教学的设计既需要按照教材内部的逻辑程序，为了保证学生在学习中把错误率降低到最低范围之内，同时，又要合理地设计教材，使每个问题都能体现教材的价值。如斯金纳的一种教学程序（程序教学法），包括四个要素，分别是小步骤进行、呈现明显的反应、及时反馈和自定学习步调。

（二）布鲁姆的掌握学习理论

布鲁姆，美国教育家和心理学家。他的教学理论以新的教学评价理论和学生观为基础，吸取其他教学理论的合理之处，形成了自己的特色。布鲁姆发现，家庭和学校环境是决定儿童学习优劣的主要因素。他根据对影响学生学习因素进行的研究，认为只要提供适当的学习条件，大多数学生在学习能力、学习效率和学习兴趣、学习态度等方面的差异可以减小到很低的程度。以此为基础，他提出要"为掌握而学，为掌握而教"，并且设计了同一对一个别教学方法等效的群体教学方法。

布鲁姆的掌握教学理论是新传统主义教育流派教学理论的一种。掌握学习教学法的思想是：教师能够在普通班级的集体教学中，教材分单元、按教学目标进行教学，随之进行形成性测验，通过反馈，针对学生学习中存在的问题进行矫正，然后进行一次平行性的形成性测验，以确定学生掌握学习内容的程度并再次进行针对性的诊断和指导学习。经过以上程序，单元教学的任务已经完成，教师便可接着进行新单元的教学。按此往复，后续知识的学习总是建立在牢固掌握前面知识的基础上的，直至学完整个学期的教材。最后评定掌握等级。这样通过班级集体教学和个别化反馈矫正相结合的教学过程，既发挥了传统课堂教学的优势，又照顾了学生的个别差异，使绝大多数学生均能获得良好的学习成绩，实现教学质量的大范围提高。掌握学习理论强调在教学中不断地、及时地进行反馈与矫正，通过经常的形成性测验不断获得及时的教学反馈信息，并据此为学生提供可供选择和补充的教学手段和材料。同时，教师要确保学生学习的"适当条件"，即必须使学生在学习前就具备必要的认知和情感条件，并使教学适合学生的实际需要。

（三）加涅的规划教学理论

加涅的教学论思想是以他自己的学习理论为基础的。学习理论主要涉及学习的过程、结果和条件等方面。加涅认为，不管是简单的还是复杂的学习，一般都包括 8 个阶段，分别为动机阶段、领会阶段、获得阶段、保持阶段、回忆阶段、概括阶段、操作阶段和反馈阶段。每个阶段都可以看作学习者中枢神经系统把信息从一种形式转换到另一种形式，直到在一种操作中得到反应的内部过程。内部学习过程受到外部环境的影响，这种环境通常是教师、教科书或其他资源通过语言的传递形成的。规划、设计、选择和监督这些外部环境的安排，以达到激活必要学习过程目的，是教学管理者的任务。加涅认为，教学是复杂的，并且受到一些特殊情境的限制，所以一定要事先规划。教师在教学中最重要的工作就是使学生学习时得到帮助。

（四）罗杰斯的非指导性教学理论

罗杰斯，美国心理学家，人本主义代表人物之一。他认为，人具有非常有益的先天"潜能"，这种"潜能"只能在学生"内驱力"的本能驱动下自发地形成，所以，教育要为学生的"潜能"的发展提供一种宽松、和睦的环境。人无时无刻不处在动态变化之中，教育不可能按照一组预定的程序、利用外部的要求向学生施教，不能限定学生如何想、如何做，而必须顺其心理体验变化之自然。"非指导性"所提倡的准则是"以学生为中心"或"以学生的经验为中心"。

非指导性教学思想，强调人的"自我"意识，强调直觉能力和创造能力。在教学过程中，教师的角色是促进者，而不是权威者；学生处于自己的思想、热情和感觉中，努力研究自己，重建自己的人格，而不是背诵和重复权威的思想，然后在考试中还给教师；教学并非是纯粹的情感过程，而是包含了大量的、对人格发展有作用的理智内容；教学要为学生提供日益增多的自我指导机会。

（五）巴班斯基的教学最优化理论

巴班斯基，苏联教育学家。他提出的"教学最优化"思想以马克思主义哲学和当代科学方法论为指导，以教育实验为基础，改造和吸收了教学教育理论的精华和苏联 20 世纪 60 至 70 年代教育革新的成果，形成了独树一帜的教育学派。"教学最优化"是根据培养目标及教学任务，从学生及教师的实际情况出发，按照教学规律和原则的要求制定最好、最合适的教学方案，然后能够随机应变地执行这个方案，以期望用不超过既定的时间和精力实现最好的效果。

巴班斯基认为，教学最优化只有在教师思考的基础上才是可能的，最优化思想与教学的教条主义是针锋相对的。掌握教学最优化思想将会促进教师创造个性的发展，增长他们的才干和提高教育工作的艺术性。具体来讲，教学最优化的要求主要有：首先，教师能够在一定的条件下，用最少的时间达到最好的效果；其次，教师应该能够精挑细选教学内容，让教学内容达到最优化；再次，教师在组织教学时，需要将班级、小组、个人以一定的方式结合起来，以让教学形式能够达到最好的状态；最后，教师要在特定的时间、内容下，遵循最优化原则，选择最合适的教学方法。

加德纳（Gardner），美国教育心理学家。他对智能下了新的定义：①在实际生活中解决所面临的实际问题的能力；②提出并解决问题的能力；③对自己所属文化提供有价值的创造和服务的能力。

在 1983 年出版的《智力的结构：多元智能理论》一书中，加德纳提出人的智能是多元的，分别为言语/语言智能、逻辑/数理智能。到 1999 年，加德纳又提出人类还有其他几种智能：视觉/空间关系智能、音乐/节奏智能、身体/运动智能、人际交往智能、自我反省智能、自然观察智能和存在智能。每个人都具有上述智能的潜能，因此，人们可以根据各自擅长的领域去发展这些智能。由于智能总是以组合的方式来运作的，每个人都是多元智能的个体，而不是只拥有单一的、用纸笔测验可以测出的解答问题能力的个体。

第二节 化学教学的特征与原则

在全面理解教学的基础上，化学教学就是教师根据课程目标和学科的教学特点，有目的、有计划、有组织地引导学生，使学生积极、主动地进行科学探究活动，并形成基本观念，掌握基础知识和技能，发展能力，端正态度，探究方法，形成科学世界观及全面发展其个性的过程。中学化学教学特征和原则是化学教学论研究中的基本理论问题，是进行化学教学实践活动的理论依据。只有正确认识和理解其特征和原则，才能真正把握化学教学的特点和规律，从而有效地提高化学教学的质量，实现化学教学的目的和任务。

一、化学教学的特征

学科教学因有着独特的学科特色，而有着独特的教学特征，因此，化学教学有着与众不同的特征。

（一）以实验为基础

化学是一门以实验为基础的科学。化学实验不仅是进行化学科学研究的重要方法，也是化学教学的有效手段。在化学教学过程中，学生对知识的感知、理解、巩固和应用，都与实验密切相关。化学实验可以给学生提供生动而又直观的认识，进而使学生形成鲜明的感性认识；化学实验教学可以使学生训练实验的基本方法和基本技能，培养观察、思考及科学探究的能力；化学实验教学还能使学生培养实事求是、严肃认真的科学态度，提高分析及解决问题的能力。因此，在化学教学中，教师应该注意让学生亲自做实验，在实验中观察各种现象，体验通过实验进行规律探究的化学活动；应结合化学实验事实及化学实验过程，让学生自主认识化学概念和理论是如何形成的；结合典型的化学历史事实，让学生了解化学科学的发展过程，感受科学家的探究过程；让学生尝试利用已学知识分析实验现象背后隐藏的原因，进而解决问题。

（二）具有独特的词汇系统——化学用语

化学用语是国际化学界统一规定用来表示物质的组成、结构和变化规律的化学文字和科学缩写。化学用语是化学学科的专门语言，是学习和交流化学科学知识的有力工具，是人们理解物质化学变化最简捷的符号表达系统。化学用语的教学不同于一般学科知识的教学，有其自身的特点和规律。化学用语的熟练掌握在一定程度上决定了学生能否顺利地遨游于化学知识的海洋。因此，教师应该重视化学用语的教学，让学生灵活运用化学用语。

（三）以化学基础理论为线索

化学事实与化学基础理论是中学化学教学的基本内容。在学习化学事实时，应以基础理论作为线索。在学习化学基础理论时，要密切联系化学事实，即以化学基础理论为线索，尤其是以物质结构理论为主线，把化学事实联系起来，使学生通过化学事实掌握物质的基本属性，从而深化对物质的组成、结构及其变化规律的认识，掌握系统的、结构化的化学知识。

（四）注重对抽象思维和逻辑思维能力的培养

化学基本概念和化学基础理论是化学教学的重要内容。对于这两部分内容的化学教学，一般是通过对化学现象和化学事实的感知，形成感性认识，而后经过对感性材料的思维加工，上升到理性认识。而当学生掌握了一定的化学知识和技能后，就要分析、解决具体的问题。显然，在整个化学教学过程中，要使学生的认识由感性上升到理性，抽象思维至关重要；再由理想回到实践，学生则需要运用推理、判断等逻辑思维方法。因此，在化学的概念和理论教学中，要注意对学生思维能力的培养。

（五）蕴含着丰富的辩证唯物主义教育观点

化学虽然是一门自然科学，但其所涉及的化学事实和化学基本理论蕴含着丰富的辩证唯物主义思想。因此，在某些化学知识的教学中，可以渗透唯物主义观点的教育。例如，物质的宏观组成和微观构成揭示了客观世界的物质性；物质在分子、原子、离子层次上的变化揭示了物质运动的永恒性；元素周期律及反应条件对于产物的影响，揭示了量变引起质变的规律；诸如氧化与还原、化合与分解、中和与水解、溶解与沉淀、平衡与不平衡等变化，揭示了对立统一法则；物质发生变化的原因和条件、化学平衡的移动、有关物质之间的相互转化、化学知识之间的内在联系，揭示了客观事物之间相互联系和相互制约的观点。

二、化学教学的原则

化学教学原则应该是教学论所提出的教学原则的具体化，因此，化学教学原则应该立足于化学教学的本质特点，反映化学教学的内在规律。因此，化学教学原则就应该是依据化学教学的目的和任务，遵循化学教学过程的规律而制定的能够反映化学教学本质特点的教学的基本要求。化学教学有四条教学原则。

（一）实验引导和启迪思维相统一

以实验为基础是化学学科的特点。因此，化学教学离不开化学实验。组织好各种实验，能够充分发挥实验对学生认知、情感、意志、行为、态度、方法等的激励与引导作用。因此，在化学教学中，教师应该注意使实验引导与启迪思维相结合。

启迪思维与实验引导往往是同步进行、不可分割的。首先，化学教学中的实验包括学生亲自动手做的实验、教师的演示实验、实验录像、实验图片和教师所描述的实验史实。教师应该有目的地选择其中一种方式，但最终目的是要为学生提供具体、可信的事实，活跃学生的思维，引导学生的思考方向。其次，教师必须教会学生怎样进行观察及观察什么。化学实验现象是琳琅满目、丰富多彩的，常常会使学生情绪亢奋，这导致的结果往往是学生很可能仅记住最让他们印象深刻的现象。因此，教师在实验教学中，应该向学生指出：观察实验现象要仔细、全面、客观，并及时进行记录。与此同时，教师应该抓住实验过程中典型的现象（如沉淀、气体、颜色、燃烧等），并学会在合适的时机穿插一些启发性强的问题，设疑、激疑，促使学生积极思考。例如，在进行钠与水的实验时，教师可以在恰当的时间点抛出问题：①钠容易被小刀切开，说明了什么？②为什么钠投入水中不下沉，而是浮在水面上？③钠为什么熔成了球状？④滴有酚酞的水逐渐变成红色，说明产生了什么物质？这几个问题实际上是根据实验现象的先后顺序提出的。这样，一方面可以使学生全面地观察实验现象，并产生积极的思考，另一方面也间接地向学生说明观察实验现象应该是有先后顺序的。最后，教师必须引导学生对实验现象进行分析。学生在全面记录实验现象后，有时会止步不前，这是因为他们不知道路在何方，或者不知道怎么走路了，或者不知道路的终点在哪里。教师首先要给学生指路，告诉学生这些实验现象可能与什么有关；然后要教会学生怎么走路，告诉学生怎么思考；最后告诉学生路的终点，让学生有目的地、大胆地走向终点。在这个过程中，教师应提醒学生：考虑问题应该纵观全局，不错过任何信息的提示。例如，在氨气的喷泉实验中，美丽的、粉红色的喷泉就是学生要走的路，为什么会形成喷泉、喷泉的水为什么会变成红色就是学生走路的方法，大胆概括、全面分析、总结结论就是路的终点。

（二）归纳共性与分析特性相结合

繁杂难记的化学学科知识，常常让很多学生望而却步，而实际上，若教师在教学的过程中能够有意识地以化学理论为指导，帮助学生厘清化学知识之间的内在联系及规律，学生就能够更加容易地建构化学知识。但是并非所有化学知识都有着相对应的理论支撑，因此，教师需要引导学生用归纳的方法，让学生尝试抓住典型，并且进行分析，然后在分析得出的个性中归纳出物质的通性。例如，可以从铁和铜两种金属入手获得金属的通性；重点解释有机物的代表性物质的结构和特征反应，帮助学生概括出同一类有机物的化学性质等。

但是，物质往往在有着同类别物质的共性外，还有着不同于同类物质的特性，因此，在学习化学物质时，不仅需要考虑共性，还要考虑共性背后的特性。例如，二氧化硫除有酸性氧化物的通性外，它还有氧化性和强还原性。又如，浓硫酸除了有酸的通性外，还有不同于盐酸的强氧化性等。所以，只有掌握了共性之外的特性，才可以全面理解和认识物质的性质。

事实表明，共性往往是学生容易掌握的，而特性往往被学生所忽视。例如，学生在判断锌和浓硫酸的反应产物时，只考虑硫酸的酸性，并没有考虑浓硫酸的强氧化性。所以，在化学教学中，在归纳共性的同时，还要注意揭示特性，这样，往往能收到事半功倍的效果。

（三）形式训练与情境思维相结合

化学教学归根结底是要教会学生如何解决化学问题。这就要求教师一方面要加强形式训练，使学生培养解决一些形式化的化学问题的基本功，掌握常用或通用的解决问题的模式或方法；另一方面要善于创设一些非常规的化学问题情境，使学生培养思维的灵活性与变通性，体现创造能力的情境思维机智。

在现实的化学教学中，一些教师认为解决化学问题等同于解题，然后热衷于定套路、讲例题、做习题的传统模式，让学生用固定的思路和相同的公式重复解题。随之而来的问题是，学生变得思维迟钝，一遇到稍有变化的问题，就会无从下手。从近年高考化学题目的形式、内容可以发现，问题往往在一个特定的背景下出现，而这些背景有的与生活有关，有的与社会现象有关，有的与工业生产有关，问题变得需要从多方面着手才能解决。情境思维是近年来针对形式训练的不足提出来的。当学生对问题情境完全陌生时，学生就不能在形式化经验中找到问题解决的方法。此时，学生就需要通过阅读及组合加工，以自学的方式重新查找并发现信息，从中找出规律，结合情境进行类比，最后解决问题。这一过程称为情境思维。

在日常教学中，教师应该注意多创设丰富的有关社会、生活、生产的教学情境，并注意在情境中提出一些非常规的化学问题，启发学生积极思考，并且引导学生从多方面着手进行分析和解决。用于形式训练的题目则应该是基于各种背景下的比较灵活的题目，这样才能训练学生解决问题的能力。

（四）知识结构与认知结构相统一

知识结构就是基础知识的合理组合。将化学的基本概念、元素化合物知识、化学的基础理论等用简约和概括的形式反映出来,如无机物的分类和化学反应、物质结构和元素周期律、有机化合物的官能团分类体系等，都是基础知识的合理组合方式。这种组合方式，是化学学科内的最基本、最普遍的原理和规律，反映了各种相关知识之间的内在联系,也体现了化学学科基础知识的逻辑顺序。因此，教师一方面要善于做知识小结，不断揭示知识的内在联系，适时地把知识结构揭示给学生并引导学生学会总结知识。例如，在高中化学金属钠的性质的教学中，其课堂小结可以是对钠的物理性质、化学性质、用途和制取的归纳和总结，但若仅限于此，课堂小结还不到位。因为在钠的教学中，学生第一次接触到一种新物质——过氧化钠（Na_2O_2），对过氧化钠有关知识的掌握也是重点。另一方面，教师要熟知化学知识结构，这就需要教师了解教材的知识结构。教师只有对教材充分了解，把握其中的内在联系，才能在实际教学中有效指导学生进行学习。例如，对氧化还原反应的理解和掌握，初中是从得氧、失氧的角度分别对氧化反应和还原反应进行定义的，到高中，其首先出现在物质的分类与转化中，从化合价是否变化的角度认识氧化还原反应，然后单独安排一节内容从电子转移角度认识氧化还原反应。

认知结构是指反映事物间稳定联系和关系的内部认识系统。在教学中，教师必须充分考虑学生的认知结构，呈现一些能够被同化或顺应的知识，而不是学生从未接触过的知识或看起来比较有逻辑顺序但不符合学生认知顺序的知识。例如，在对溴碘的提取的学习中，对于溴碘及其化合物的性质就不应该通过类比氯及其化合物的性质得到,因为此时的学生并没有具备完善的类比能力，也没有学过元素周期律，并不知道卤族元素的相似性。又如，在化学用语的教学中，教师要按照由简单到复杂、由表及里的形式逐步地引入和教学，以与学生年龄特征和认知结构相适应。此外，教师还应该考虑知识内容的呈现方法。例如，在化学概念教学和化学用语教学中，可以从学生的认知方面采取分散记忆、联想记忆、多练识记等方法。

第三章　高中化学优质课堂之备课艺术

课堂教学的起点在于教师的备课。备好课是上好课的前提和基础。当然，上好一堂课取决于多种因素，仅仅备好课并不一定能够上好课，但没有备好课肯定上不好课是毋庸置疑的。备好课是上好课的重要保证。备课充分，上课时就会感到踏实；备课周到，上课时就能避免陷入尴尬的境地。教师通过备课活动，不仅能够提高自己的教学业务能力，而且能增强合作精神，同时有利于在课堂教学活动中充分发挥自己的教学水平。

第一节　备教学内容

一、备教学内容的基本要求

备教学内容应当遵循以下三项基本要求：

（一）钻研《学科课程标准》及其思路，对教材内容进行仔细分析和研究，尽可能做到融会贯通，了然于胸

课堂教学过程由"教"和"学"构成，"教"和"学"是由教材作为中介联结起来的。教师备课时应对教材做充分的研究，这是没有疑义的。在备教学内容之前，一项必须做的工作是认真钻研《学科课程标准》。对《学科课程标准》没有理解透彻，备教学内容往往备不到"要点"上面，也就是说，即使耗费了大量精力，效果也会大打折扣。教师备课时必须认真钻研《学科课程标准》，因为教学内容只是教师讲课时依托的材料，是受《学科课程标准》制约的。从理论上说，《学科课程标准》是必须遵循的，而教学内容则可以由教师自由地选择。（当然，现在的实际情况与之尚有一段距离）教师讲课应以完成《学科课程标准》所规定的教学要求为目的。在教学过程中对教学内容做讲授、解释以及必

要的变动，均不得脱离《学科课程标准》的基本要求。

教师在备课前钻研《学科课程标准》，是备教学内容的必要准备。只有准确地理解和把握其精神实质以后，才能去接触具体的教学内容。钻研《学科课程标准》的思路和步骤如下：

（1）先通览一遍，对其基本内容和框架结构有大体的了解。以上海编发的《学科课程标准》为例，应把第一部分"总纲"和第二部分"学科课程标准"两部分的内容系统地读一遍。

（2）重点阅读《学科课程标准》部分，从目标、课时安排、教学内容和要求到教学评价和成绩核定，了解本学科教学的课程标准。例如，上海市《中学化学课程标准》指出：要关注学生终身发展的需要，提高学生的科学素养；要关注学生个性发展的需要，提供可选择的课程；要关注学生时代发展的需要，精选课程的内容；要关注学生的学习过程，提倡多样的学习方式；要关注学生的学习表现，开发多元的评价方式。高中阶段的教学目标从三个维度展开，以进一步提高学生的科学素养为宗旨，激发学生学习化学的兴趣，尊重和促进学生的个性发展；帮助学生获得未来发展所必需的化学知识、技能和方法，提高学生的科学探究能力；在实践中增强学生的社会责任感，培养学生热爱祖国、热爱生活、热爱集体的情操；引导学生认识化学对促进社会进步和提高人类生活质量方面的重要影响，理解科学、技术与社会的相互作用，形成科学的价值观和实事求是的科学态度；培养学生的合作精神，激发学生的创新潜能，提高学生的实践能力。

（3）着重阅读"教学内容和教学要求"部分，因为这部分的要求比目标部分更具体，对其理解透彻有利于备教学内容时向学生提出较为具体的教学目的和教学要求。

（4）把"要求""标准"分为初、中、高三个不同的等级，根据所教授的教学内容所属的年级"对号入座"。一般说来，钻研《学科课程标准》应在学期备课开始之前进行，这样有利于从总体上把握其精神实质。但是，这并不等于平时可将其抛于一旁。为了使在教学过程中向学生提出的要求更准确，在备教学的具体内容时也应加以对照。

（二）在教学目的、教学要求的指引下，理清讲课的思路，明确教学内容的重点和难点，同时突出教学重点

教材重点与教学重点的区分：教材重点是就教材的具体内容而言的。如前所述，其中的各个知识点并不是同样重要的，它们在整册书中所占的地位也是各不相同的。对顺利学习教材中其他内容起举足轻重作用的知识点就是教材重点。教学重点是指那些在课堂教学过程中，教师应着重讲解，并且要求学生在学习时特别关注的知识点。教材重点与教学重点是两个内涵不完全相同的概念。教材重点必然同时是教学重点，而教学重点不仅指教材重点，还包括那些虽不属于教材重点但在上课时必须着重讲解的内容。教材重点是由其在整册教材中所处的地位和所起的作用决定的。教学重点的确定除了应关注其是否是教材重点外，还应根据学生的学习基础和学习能力（"可接受程度"）的实际情况而定。例如，在学习"氨气的实验室制法"时，理解实验室制取氨气的方法是教材重点，但是，除此之外，根据学生的情况分析，学生已经基本掌握氧气、氯气、硫化氢等气体的实验室制法，对于气体制取的一般思路和方法形成了一定的模式，掌握了基本的实验操作技能，所以这节课的教学重点还包括实验室制取气体的装置选择及如何简单优化发生装置。

除了教材重点外，教材中的内容也有难有易，教师在备课时应充分注意其中的难点。所谓难点，是指那些大部分学生难以较快、较好地理解、掌握和运用的知识，比较复杂的技能或比较生疏的技巧。具体地，对于学生而言，通常比较抽象的知识、比较复杂的问题，以及表面相似且容易混淆的内容都是难点。对难点，教师备课时首先自己要理解透彻，同时要从学生实际可接受的程度出发，着力化难为易。对于比较抽象的知识，应当配备生动形象的例子来解释；对于比较复杂的问题，应当通过多层次的分析来化解；对于表面相似且容易混淆的内容，应当用比较的方法指出它们之间的异同。为了准确地发现、确定和把握教

材内容中的难点，为了有效地化难为易，促使学生顺利地学习其他教学内容，有必要对"难点来自何方"做一下简要的分析。难点通常来自以下三个方面：

（1）来自教材。教材上那些比较抽象的知识、比较复杂的问题以及表面相似且容易混淆的内容是难点。

（2）来自学生（当然，每名学生的具体情况各有不同，但对于同一班级的学生而言，大体上还是相近的）。教师应从学生的生活经验、知识水平和理解能力这三个方面去考虑，看看学生是否具备学习某一教学内容所需要的基础，若不具备，则这一教学内容便成了难点。

（3）来自教师。应从教师的自身教学素质方面分析。可从以下三个方面去找原因：①是否受思想水平、教学业务水平的限制；②是否钻研教材的深度不够；③是否选用的教学方法不当，导致不能准确地发现和把握难点，不能巧妙地化难为易，进而导致学生不能比较容易地学习、掌握和应用这些教学内容。

难点的确定与重点的确定不同。重点的确定基于这些教学内容必须是"基本的"这一点，掌握了这些内容，有利于将其迁移到其他的教学情境中去；而难点的确定，主要应考虑这些教学内容对于大多数学生而言是否是难以理解和掌握的。因此，教师在确定难点时，不但要考虑学生的可接受程度，而且要考虑什么样的内容对学生而言是难以理解和掌握的，从中是否可以找出一些带有规律性的东西。确定难点时必须遵循以下两条原则：

（1）按知识发展的一般规律确定。人类对客观世界（包括自然界和社会界）知识的获得和认识是一个由简单到复杂、由具体到抽象的过程。从中不难看出，难点必然具有复杂性和抽象性两大特点。

（2）按学生认识的一般规律确定。知识本身的发展是由无到有、由简单到复杂的。但从学生学习知识的角度来看，思维过程往往是从已知到未知的（学习新知识时总是让它与以往已经学得的旧知识加以比较）；从学习和掌握技能、技巧的角度来说，总是先技能后技巧，在熟练地掌握技能的基础上才可能掌握和应用技巧。不难看出，难点往往是那些学生感觉比较生疏而有技巧性的内容。

例如，在"离子键"第一课时设计教学重难点时，我们可以把教学重点确定为离子键概念的建立，而教学难点可确定为离子键形成的原因及过程。

（三）在考虑学生对教材的可接受性的基础上，选择学生易于接受的方法，对教材内容做必要的加工和再组织

课备得好与不好虽然与教师的教学实践经验丰富与否有很大的关系，但是从根本上说，主要取决于教师综合素质的优劣。其中，最为重要的是教学素质，它是教师备好课应具备的基本条件。具体而言，它包括以下四个方面：

（1）具备较为扎实的专业知识基础（如要具有较强的逻辑推理能力和解题能力）；

（2）有较强的理解、处理教材的能力（能迅速、准确地把握教材的实质；能根据教学目的、要求，迅速、准确地挑出重点）；

（3）有较强的了解学生心理发展水平的能力（能较为准确地了解学生的现有学习基础和学习能力，并能把握其略微超前量）；

（4）有较多可供选择的教学方法（对不同年龄、不同学习程度的学生及有不同要求的教学内容均有有效的应对办法）。

二、正确、合理地使用《教学参考书》

《教学参考书》是教师备课时的参考用书，仅供参考而已。但在有些学校，不少教师的备课笔记成了《教学参考书》的翻版，十有八九是差不多的。要说有不同，只是有的抄得全面，有的稍有遗漏罢了。显然，这种过分依赖的态度和照抄照搬的做法是不可取的。要想正确、合理地使用《教学参考书》，提高备课质量，应注意以下几点：

第一，应该在对《学科课程标准》理解透彻及对教学内容初步熟悉之后再参阅《教学参考书》。如果在不了解《学科课程标准》的基本要求或对教学内容毫不熟悉时匆忙翻开《教学参考书》，不动脑筋，把"教学目标""教材分析"

"教学建议"等内容抄到备课笔记本上，不对教学内容有较为深刻的理解，就不可能把教学内容讲深、讲透，更不用说在学生提出问题时能从容自如地解惑、释疑了。

第二，应该在理清教学思路及搭好讲课的框架的基础上再去阅读《教学参考书》。不管教学内容多么繁多和复杂，教师都应大体上做到"心中有数"，即讲课的意图要明确（主要应完成哪几项教学任务），条理要清楚（先讲什么，后讲什么，哪些是要着重讲的，哪些只需一般提及，要形成"粗线条"），方法要恰当（根据课的不同内容和不同结构类型加以选择）。在"心中有数"之后再去参阅参考书，将其中的有关内容充实到自己的备课笔记上，这些"死"材料才能被用"活"。这样，教师讲起课来会更加轻松，学生理解起来也会更加容易。

第三，应该带着审视的目光去阅读、借鉴和利用《教学参考书》，同时对其加以认真的分析与研究。不要认为书上的就一定是对的，对于书上的错误视而不见，应该根据不同的具体情况妥善地处理。对于其中的某些常识性错误，如果备课时照抄不误，讲课时照本宣科，那么很可能贻误学生的终身。教师在备课时应善于发现其中的问题，错误的应剔除或批判，弄不清楚的应鉴别或验证，对某些带有普遍意义的问题，还可以在教学时对其加以分析与判断。这样做，不仅可以避免将错误的知识传授给学生，而且能提高学生辨别正误的能力。

三、教学内容的优化处理

我国现行的中小学教材都是由教育部组织专家在多年试用的基础上反复修订的，具有很强的系统性、科学性和实用性。那么，为什么在具体备课时还要对教师提出教学内容优化处理的任务呢？

有位教育家在回答这个问题时说："教师优选具体一堂课的内容是必要的。因为很多教学参考书、教科书是以各种各样的观点和各种不同的实际教材揭示大纲的原理的。""还应系统地更新陈旧的例证性教材，时刻考虑当前的迫切任务。不能不注意到，由于教师的能力、专业水平不同，他们对大纲和教科书的同一部分的理解也是各不相同的。"正因为如此，尽管我们现在使用的教材是教育部组织编写的，在具体的教学活动中，对教学内容还是应该适当优化的。

例如，在讲到"钠的性质"时，教材上的内容很简单，但在练习中，其往往并不像教材中那么简单。这时，在教学活动中就应该适当优化教学内容，充实教学素材，如可以设疑：

问题 1：为什么钠应该保存在煤油中？

问题 2：钠与水的反应体现出了钠的哪些物理性质及化学性质？

问题 3：钠长期放置在空气中，它的成分会有怎样的变化？它最后变成了什么物质？

问题 4：如果将一小块钠投入盛混有水和煤油的容器中，会有怎样的现象发生？其原理是什么？

还可以举一些日常生活中与钠有关的实例，拓宽学生的知识面，这样的课就会显得比较充实和丰满。

在处理例题和练习时，可以把独立的问题串在一起，层层递进，从而提高学习效率。

四、根据授课类型处理教材内容

化学课堂教学类型一般可分为新授课、复习课、习题课等，根据不同的课型，备课也可分为不同的类型。如果是新授课，新授的知识又与先前的内容有联系（或容易混淆），那么备课时应把二者放在一起加以比较，例如，"氯化氢的实验室制法"是新授课，这堂课的内容与先前的"怎样制取氯气"有密切的联系，学生容易产生错误的观点，因为实验室制取氯化氢的发生装置及收集装置与制氯气的装置和收集装置几乎完全相同。因此，应结合前面的内容，让学生采用讨论、比较、实验探究等方式，充分发挥自身在探求新知识过程中的主体作用。如果是复习课，仅按教材内容讲，学生不能牢固地掌握这部分知识和技能，那么应该多补充一些与教材内容有密切联系的例子。例如，在进行"离子共存"专题复习时，教材上没有专门的物质鉴别复习板块，所以，教师在复习时要选择典型的、较有针对性的例子来巩固这些知识，如可以选择以下练习：

1.在 pH=1 的溶液中，可以大量共存的离子组为（ ）。

（A）Na^+　　　K^+　　　　S^{2-}　　　　Cl^-

（B）Al^{3+}　　　Mg^{2+}　　　SO^{2-}　　　Cl^-

（C）K^+　　　　Na^+　　　　Al^{3+}　　　NO^-

（D）K^+　　　　Na^+　　　　SO_4^{2-}　　　$S_2O_3^{2-}$

2.若在加入铝粉能放出氢气的溶液中，分别加入下列各组离子，可能大量共存的是（ ）。

（A）NH_4^+　　　NO_3^-　　　CO_3^{2-}　　　Na^+

（B）Na^+　　　　Ba^{2+}　　　Mg^{2+}　　　HCO_3^-

（C）NO_3^-　　　Ca^{2+}　　　K^+　　　　C^-

（D）NO_3^-　　　K^+　　　　AlO_2^-　　　OH^-

3.在由水电离出的 c（OH-）水=$1×10^{-14}$ mol/L 的溶液中，一定能共存的离子组是（ ）。

（A）AlO_2^-　　　SO_4^{2-}　　　Na^+　　　K^+

（B）Mg^{2+}　　　Fe^{3+}　　　NO_3^-　　　Cl^-

（C）Ba^{2+}　　　Cl^-　　　　$Na+$　　　$H_2PO_4^-$

（D）K^+　　　　Cl^-　　　　Na^+　　　NO_3^-

五、通览教材的作用和注意点

1.备教学内容首先应通览教材。通览教材是备课不可缺少的基础性准备工作，也是备课的重要任务。通览教材对于提高备课的质量具有十分重要的作用，具体来说有以下三点：

（1）可以明确整册教材内在的逻辑关系，有助于理清整个学期的教学思路。

（2）可以明确教学内容的重点，有助于讲课时突出重点，有助于采用最适合学生的方法进行教学。

（3）可以明确整册重点、难点和关键之处，有助于了解实施教学的困难所在，以便早做准备，找些有针对性的参考书和准备一些必不可少的教具等。例如，"元素周期律"这一章节是学生认识和理解物质微观结构的重点章节，是在"卤素""氧族元素"等前几章的基础上总结出来的，同时又为学好后面的"碱金属元素""氮族元素"等章节起到指导作用。如果学不好元素周期律的知识，势必影响到后续内容的学习。又如，有机化学中烃（包括烷烃、烯烃、炔烃、芳香烃等）及烃的衍生物（包括醇类、醛类、羧酸类、酯类等），这些章节虽然都是比较独立的，但是对这些内容的学习却有一定的规律，那就是研究某类物质总是从它的结构、官能团、性质、用途着手，而且蕴含着一定的核心价值观念，即结构决定性质，性质决定用途。

2.备教学内容时应把整册书（或整章或整节）的教学内容无一遗漏地看一遍，但仅仅看一遍是十分不够的。在通看一遍教学内容的基础上，还应特别注意以下四点：

（1）应摸清编者的总体意图，准确把握整册书（或整章或整节）总的教学目的和基本教学要求。

（2）应弄清每一单元在整册书（或每一课在整章或整节）中的地位，区别重点与非重点，对重点内容应多加关注。

（3）应关注每一部分教学内容前后的有关内容，即注意"问题引入"和"思考练习"。

（4）在阅读教学内容的同时，还应考虑如何利用这些知识载体来培养学生的学习能力和发展他们的智力。

六、教学设计的步骤

教案是教学设计的具体化、条理化和书面化，是教学设计的具体成果。因此，要写好教案，首先要进行精心的教学设计，而要完成优质的教学设计，就必须了解教学设计包括哪几个必要的步骤。教学设计通常包括以下五个步骤：

（一）确定教学目的

根据学科课程标准的要求，根据学生现有的学习基础和学习能力，从教学内容的实际出发，确定具体的教学目的。教学目的一般包括"知识与技能""过程与方法""情感态度与价值观"三个方面。

例如，"共价键"一节的教学目标可构建为：

1.知识与技能

理解共价键的概念；通过对具体物质的拟人描述，理解共价键形成的原理。

理解共价化合物中原子按一定数目比互相结合，学会一些常见共价化合物的电子式、结构式的书写。

2.过程与方法

通过共价键的生成实验，培养学生观察、记录实验现象的能力。

通过对共价键形成过程的讨论，让学生用抽象思维去感受微观世界中物质的变化，形成在科学研究中敢于质疑的学习方法。

3.情感态度与价值观

通过实验观察、讨论交流，体验合作交流的重要性，培养学生的团队精神。

在共价键形成过程的学习中，让学生体验从宏观现象到微观本质的认识事物的科学方法。

（二）处理教材内容

处理教材内容要明确教学内容的重点、难点之处，尤其注意那些重点兼难点之处，同时注意兼顾一般，对于非重点内容也要适当关注。例如，在"化学键"的教学中，化学键内容比较复杂抽象，有共价键与离子键之分，共价键又有极性键和非极性键之分，这对于只对宏观内容有初步了解的高一学生来讲，无疑是个教学难点，要突破这个难点，必须在设计上下功夫。虽然有关电子式的书写不是本节的重点，但它能使学生通过自己的分析、探究，感悟化学键的本质，形成化学键的概念，并学会掌握、分析和应用化学键的理论。

（三）安排教学程序

安排教学程序要研究教学活动中各个环节之间的联系和转换，既要使整堂课成为一个有机整体，又要使各个环节具有鲜明的节奏感。

（四）选择教学方法

选择教学方法一定要从具体的教学内容实际出发，以能否较快地讲清知识要点、能否引起学生的学习兴趣和培养学生的思维能力为标准加以选择。

（五）选择和编制练习

选择的练习必须符合以下两个条件：一是使学生巩固知识；二是使学生在练习后能够将知识迁移，在运用知识的过程中提高能力。

七、课时备课

课时备课即写教案，它是一项基础性的工作。教师备课时应根据不同教学内容的具体情况，在规定的一堂课的时间内，把要讲授的内容组织好。某些教学内容（如化学教材上的某个概念的理论及应用等）一堂课的时间不够用，需要两堂课甚至更多的时间。不过教案写起来是以课时为单位的，每一堂课有每一堂课的主要内容，备课时要写清楚每一堂课应完成的教学任务。当然，这里说的以课时为单位安排教学任务，并不是说堂与堂之间不能"搭界"，对于用两堂课以上的时间讲完的某些教学内容，备课时应当十分注意上下堂课之间的自然过渡和巧妙衔接。如当上一堂课结束而某项教学内容的教学任务还未全部完成时，教师可布置些思考题，以使学生对下面的内容进行必要的预习和思考，而在下一堂课开始时，应先对上一堂课的教学内容做简要的回顾。这样，学生对余下部分教学内容的学习会觉得比较方便，并能较牢固、较完整地掌握全部教学内容。

例如，学习"物质的量浓度"这部分内容需要三课时。第一课时要学习物质的量浓度的简单概念，第二课时要学习溶液的稀释及与其相关联的公式计算，第三课时要学习有关物质的量浓度的配置。在具体处理教学内容时，教师可在

第一课时结束时，布置一道思考题：各物质的量浓度的计算公式之间的联系是什么？然后，在第二课时开始时出一些关于溶液物质的量浓度概念及计算的练习，以巩固其概念，而且可为后面第三课时有关物质的量浓度的配制奠定基础。

八、教案内容与格式

教案也称课时计划，是课堂教学的实施方案，是教师进行课堂教学的主要依据。教案没有固定的格式，通常包括以下内容：

1.章节课题（如"物质结构元素周期律"）。

2.教学目的（教学设计部分相关内容的具体化，需要强调的是，要重视能力培养和思想性与科学性相结合）。教学目标体系由"知识与技能""过程与方法""态度与价值观"三个方面构成。这三个方面密切联系，构成有机的整体。它们又分别属于不同的层次，反映学生发展的进程。

3.课的性质（是以系统讲授新知识为主，还是以复习巩固旧知识为主）。

4.课的结构类型（是单一课，还是综合课）。

5.教具和板书准备等（教具要注意必要性和有效性，板书要集中书写，一堂课一个版面）。

6.教学重点与难点（包括教材重点与课堂讲授重点）。

7.作业要求（包括课堂练习和家庭作业）。

8.教学方法（以一种为主，同时辅以其他方法）。

9.效果检查（包括口头提问和书面测试等）。

除了以上所述的基本内容外，完整的教案至少还应有另外两项内容：教学说明和教后记。教学说明不必面面俱到，主要讲述自己的备课思路，即结合《学科课程标准》和教学内容实际，说明自己进行教学设计的依据、重点和特色；具体分析教学步骤，着重阐明如何一步一步地完成教学任务，达到教学目的设想。教后记写在教案主要内容的后面，在课堂教学结束后完成。教后记形式多种多样，条款式、短文式均可，但无论何种形式，都应记下两方面内容：一是教学过程的实际情况,其重点应放在记述实际教学效果及简要的原因分析上面;二是教后的心得体会,应紧扣自己在执教过程中感受最深的某一点加以阐述。

第二节　备教学对象

教师备课、备教学内容固然重要,但从教育心理学的角度来看,如果只注重教材而忽视教学对象(学生),那么,即使教师对教材钻研得再深、再透,还是很难收到理想的教学效果。因为教学过程中的"教"和"学"是矛盾的,"教"是通过"学"来起作用的。教师备课时忽视了"学",便会影响双方的交流;而"教"如果得不到"学"的积极有效的配合,提高课堂教学质量就只能是一句空话。目前,课堂教学理论和实践方面均对"学"重视不够:在理论方面,不少人认为教师的主要任务是教书,教学就是让学生掌握教学大纲和教科书规定的知识、技能和技巧;在教学实践中,教师往往只注意传授系统的知识而很少考虑学生的需要、动机、兴趣、情感等非智力因素,因而使学生在整个教学过程中处于被动地位。要改变这种局面,在思想上,教师应明确"学生是教学活动的主体"的观点;在行动上,必须在教学活动的每一个环节都重视发挥学生的积极性,尤其应特别注意教学活动的起始环节——备课,在备课时一定要充分考虑学生的实际情况。

教师在备课时一定要注意尽可能地适应学生的智力发展状况,这样才能做到有的放矢地"备教学对象"。在确定教学内容,提出教学要求以及选择教学方法时,都应考虑学生的实际发展水平。具体说,应考虑三方面因素。

1.年龄特征

尽管同一年龄的学生在智力发展方面也存在着较大的差异,但是,就整个班级全体学生而言,这种差异只是数量和程度上的差异,而不同年龄段的学生(如高一年级与高三年级)的智力发展状况是有差异的,这种差异有着根本的区别。教师应考虑采取适合他们年龄特征的方法进行讲授(如同样举例、阐述,先后顺序应不一样，教高一年级的学生应先举实例后阐述理论，而教高三年级的学生可以先讲理论后举实例）。

2.学习基础

要使学生学习新的知识，一定要考虑他们原有的学习基础。新传授的知识如果太浅，他们学习起来毫不费力；如果太深，他们学习起来十分吃力，这两种情况都不能使他们对学习内容产生兴趣。因此，只有从他们原有的学习基础出发，略微超前一些，才能收到较好的教学效果。

3.学习能力

学习能力不相同，学习的效果就不一样。在教学过程中，如果教师不恰当地向学生提出过高或过低的学习要求，那么，学生很可能出现"心有余而力不足"或者"马马虎虎不当一回事"这两种极端状况，这对于他们知识的获得和能力的增强显然是十分不利的。

备课时，除了要考虑学生的智力发展状况外，还要注意他们的非智力因素的发展状况，其中，特别值得考虑的是学生的学习兴趣和求知欲望。学习兴趣是指学生对学习的一种积极的认识倾向和情绪状态，这种认识倾向和情绪状态就是古人常说的"乐学"。兴趣是学生学习的内部驱动力，是学习积极性中最具活力的部分。如果学生对学习产生了浓厚的学习兴趣，不需要教师督促，他们自己就能积极、愉快地完成学习任务。教师在备课时应使学生对学习活动产生浓厚的兴趣，如结合教学内容增加一些生动形象的例子，提出一些既适应他们现有的心理发展水平，又使他们感到"有些不满足"的要求，选择他们十分感兴趣的教学方法等。求知欲望是人的一种与生俱来的心理状态，它的起点是对客观事物的好奇心。好奇心向较高层次发展，便形成了求知欲望。学生有了强烈的求知欲望，便会产生较为持久的学习动力，对学习活动具有持久的动力，思维态势便会处于主动进攻状态，在这种状态下，能取得好的学习效果就是很自然的事。教师在备课时应当充分重视培养、激发学生的求知欲望，如设计一些能引起学生深入思考的问题，并注意在适当的时候提出，以使学生的思维较长时间保持在活跃状态；或者使他们对某些有典型意义的教学内容进行专题讨论，鼓励他们为阐明自己的见解而探索更多的新知识。例如，化学教材有很多知识是比较枯燥的，而且，一定数量的记忆内容会使学生产生厌倦心理而对化学学习失去兴趣，所以在教学时，要在课堂上激发学生的学习兴趣，可采用口诀记忆法、韵律记忆法、关键词记忆法来激活学生记忆的兴奋点，使学生在轻松愉快的学习活动中学有所获。例如，在"铁及其化合物"一节中，有很多性质和现象需要记忆，在对"$4Fe(OH)_2+O_2+2H_2O\rightarrow4Fe(OH)_3$"的现象进行描述时，就可用"水中一束白色花，片刻长出灰绿芽，间隔一夜再来看，红褐残叶水底洒"来加强学生的记忆，既形象又顺口，学生很容易从实验中看到的现象和顺口的语句中掌握这个复杂的知识点，并且长时间不会忘记。

备课的着眼点应在全班大多数学生身上，这是一条重要的备课原则。丢掉大多数学生而只对少数学生"因材施教"的做法是不可取的。大多数学生已经理解的知识应少讲；大多数学生感到困惑的地方应该多用一些时间讲解，以利于他们及时消化新知识；大多数学生感兴趣的内容应多讲，有时还要根据教学需要组织他们进行讨论，鼓励他们各抒己见；大多数学生有可能感到枯燥无味的地方需要增设幽默、风趣的材料，以提高他们的学习积极性。

备课时，除了把重点放在大多数学生身上以外，还应该注意智力发展水平较低及非智力因素方面发展较差的那部分学生。教师需要从他们的实际水平出发，多准备一些低层次、难度较小的材料。讲课时，起点适当定得低一些，并有意准备一些适合他们思考的问题和练习，以便引导他们较快地跟上一般学生的学习速度。这样，他们的信心会增强，能力也会提高。

备课时还要注意智力发展水平较高、非智力因素方面发展较好的那部分学生。这些学生思维比较敏捷，求知欲望比较强烈，往往不满足教师讲的一般性内容。教师备课时要根据他们的实际水平，多准备一些层次较高、难度较大的材料。在完成一般性教学任务的基础上，适当准备一点儿他们感兴趣的内容，布置一般性作业后可再适当布置一些适合他们思考的练习。例如，在"二氧化硫"这一节中布置作业时，除了面向大多数学生的常规练习外，还可以增设一道拓展题以供求知欲望强烈或基础较好的学生去思考：为什么发达国家的酸雨发生率远大于工业发展落后的国家？形成酸雨的原因有哪些？有哪些可以减少酸雨形成的措施？

备课要适应学生的智力发展状况和非智力因素的发展状况，这是不言而喻的。但是，这种适应不应是消极的，而应是积极的。要真正做到"积极适应"，必须注意"二不"和"二要"。先说"二不"：一是不要降低教学要求去"适应"，教学要求由《学科课程标准》所规定，是必须达到的教学目的，在任何情况下都不能违背，任何降低教学基本要求去迁就学生的做法都是不可取的；二是不要完全脱离教材去"适应"，教材是贯彻、落实教学大纲基本精神，使学生在学习时达到规定的教学要求的主要媒介，教材以外的内容只能作为教材内容的适当补充，而不能喧宾夺主，不能放弃书本而不着边际地大谈学生感兴趣的材料。总之，教师在理解并充分考虑学生的需要和兴趣的基础上，应充分发挥其在整个教学过程中应该发挥的主导作用，而不能让学生牵着鼻子走。再说"二要"。一要"略微超前"。无论是考虑学生的年龄特征，还是考虑他们现有的学习基础和学习能力，都应该有一个超前量，让他们在总体适应的前提之下略微感到有点儿不适应，这样才能激发他们强烈的求知欲望。二要故意设置一些"障碍"。无论是选择讲课材料时，还是提出教学要求，都应有意识地出些难题，使他们不深思便不能跨越这一"障碍"。总之，要采取多种方法和手段，巧妙地激发他们的积极性，使他们自觉地、精神抖擞地参与到整个教学活动过程中。

备教学对象的关键在于教师要真正了解学生的实际情况，即了解智力与非智力两方面的实际水平。教师不能凭借经验想当然地认定学生的实际情况，因为不同班的学生的水平是不相同的，就是同一个班的学生水平也是不断地变动着的。了解学生的方法有许多，其中比较有效的主要有以下几种：

新接手一个班级时，可先做两项工作：一是向前任任课教师了解班级情况，了解不应局限于学习基础和学习能力如何，同时也应了解学生的兴趣爱好及学习习惯有什么特点；二是可分别开一些座谈会，鼓励学生们畅所欲言，多提些教学建议。

教过一段时间，对学生的情况有了初步了解之后，还应主动地和不定期地征求学生对教师上课效果的看法，这样，从他们的反馈信息中可以了解到他们现有的水平如何。

上课时要善于察言观色，学生听课时的表情是教师的讲授是否符合他们实际水平的"晴雨表"，或满意，或疑惑，不管何种神情，都形象地把他们的实际水平呈现在教师眼前。

设计一些看似简单但带有倾向性问题的当堂完成的小练习，以测定他们在某一方面的实际水平。

认真批改学生作业，仔细分析其中的错误，尤其要关注那些带有普遍意义的问题，因为这些问题最能体现他们的真实水平。

第三节　备教学方法

按照《现代汉语词典》的解释，"方法"是指"关于解决思想、说话、行动等问题的门路、程序等"。备教学方法，就是备解决课堂教学中可能出现的问题的门路和程序。在明确教学任务和教学目的的基础上，考虑采取何种门路和程序把知识传授给学生，启迪学生的心智，这是一个值得每位教师备课时考虑的问题。有人说，方法有巧与笨的区分，巧方法事半功倍，笨方法事倍功半。这话是有道理的，但不完全正确，因为不管是巧方法，还是笨方法，其实际效用如何，还要看用得合适与否。用得恰当，"笨"方法也能收到好效果；用得不适当，"巧"方法也没有多大用处。几种方法最好交替使用，并注意搭配。因此，教师在备课时应当精心准备（选用何种考法，挑选哪几种方法合理组合），如果备课时把教学时要采用的教学方法选择组合好，那么上课时就不会手足无措了。

教学方法的选择，当然应因人而异。每位教师的实际情况不一样，选择的方法也不一样。但是这并不意味着选择教法无规律可循，其实只要稍加分析，规律是不难找到的。选择教学方法的依据，不外乎这样几个方面：一要考虑教学内容和教学目的；二要考虑学生的年龄特征和接受程度；三要考虑课程的不同结构和方式。教学方法的多样性在备课时就应充分加以重视，否则上课时随意发挥，效果会大打折扣。一般说来，每堂课至少要有三种教学方法交替使用，这样才不至于使学生在听课时产生枯燥乏味的感觉。当然，多种方法交替使用并不等于平均使用，教师应根据课的性质，每堂课均应以一种方法为主（如传授新知识的课以系统讲述为主，复习课以学生练习为主），同时辅之以其他方法。

教学内容不同，教学目的不同，选择的教学方法当然也应不同。选择什么样的教学方法要看这堂课是以传授知识为主，还是以训练学生掌握技能技巧为主。如果以传授知识为主，在备课备教学方法时就要考虑如何把知识加以概括、归纳，使之系统化，使之重点突出；如果以训练学生掌握技能技巧为主，那么在备课时就应当多准备些典型例子，以便讲课时通过示范让学生掌握要领，同时应配备较多的同类型的练习题，供学生练习用。如果以传授新知识为主，那么，教师应以系统讲述为主要方法，备课时应把注意力集中在其中的重点和关键之处（当然也要准备一些事先加以复习的、与新知识有联系的旧知识）；如果以复习旧知识为主，备课时应着重考虑这些知识的难点所在及如何选择一些新鲜材料使之化难为易，也可以提出一些思考题供学生在练习、讨论的过程中使用，以加深对这些知识的理解。

备教学方法很重要的一条原则是教师必须考虑学生的年龄特征（实质是考虑到他们目前的学习基础和接受能力）。不同年龄段的学生，由于生理和心理发展水平不一样，他们对不同教学方法的适应程度也不一样。如果教师不加区分地用同样的方法施教，那么，效果一定相当糟糕，因此，教师在备教学方法时一定要区别对待。如教学对象是高中低年级学生，由于他们的自我抑制能力较差，集中注意某一事物的时间较短以及抽象思维能力还较弱，所以，备课时应尽可能多举一些他们容易理解的具体例子，把教学内容与他们的生活实际联系起来，并且单独连续讲授的时间不宜过长，讲授的速度不宜过快。而对于高三年级学生，他们的自我抑制能力和抽象思维能力均已得到了很好的发展，因此，备课时应考虑如何比较系统、完整地讲述教学内容，在此基础上还可提些稍有难度的问题让他们思考和讨论。毫无疑问，针对不同年龄段的学生，选择不同的教授方法，更容易收到理想的教学效果。

备课时要注意尽量做到选用的教学方法富于变化。富于变化的教法会使课堂变得富有朝气，因而比较容易引起学生的学习兴趣，容易把学生的注意力吸引到教师希望他们关注的教学内容上。考虑教学方法时，不但要注意不同类型的课不能用相同的方法讲授，而且，相同类型的课选择教学方法也应该有所变化。这里所说的变化有两方面的含义：一是应选择不同的教学方法（特别是连续进行的几堂课），以避免学生产生单调枯燥的感觉，使他们对教学内容保持一种新鲜感；二是选用的教学方法尽管相同（如同样选用教师讲授、学生练习和师生问答三种方法），但前后程序不一样，同样可以使学生产生颇为新鲜的感觉。例如，在"甲醛"一课中，教师可让学生从各种途径去寻找有关甲醛的资料，使学生自主学习并在课堂上互相交流学习成果，就能达到学生自主学习的目的。

在备教学方法时，教师不仅要备教法，更要备学法，应该考虑学生是否通过亲身经历感悟知识。如在"甲醛"一节中，在探究家庭居室内的甲醛含量时，以学生为主体，教师要给学生创设探究的空间，要给学生充足的时间设计探究原理，让学生在探究中领悟甲醛测定的原理。

第四章　高中化学优质课堂之讲课艺术

第一节　新课导入与课堂小结

一、新课导入的作用与要求

（一）导入的作用

"良好的开端是成功的一半。"课堂教学中，一个好的导入会激发学生的学习兴趣和求知欲望，对收到理想的教学效果有着重要的作用。好的新课导入有以下几个作用：

1.一上课就迅速吸引学生注意力，使学生在有趣、有疑、有乐、有情和有劲的状态下学习。

2.活跃的课堂气氛使学生的大脑处于兴奋状态，能提高学生接受新知识的速度，并有利于学生对新内容的记忆。

3.创新的教学情境，使学生处于动手、动脑又动口的状态，思维的敏捷度提高了，再配合精心设计的教学过程，有利于达到教学目标。

（二）导入的基本要求

1.导入应紧扣教学目标，能为课堂教学达到预定目标提供条件。

2.导入应激发学生的学习兴趣和求知欲望。

兴趣是最好的老师，而求知欲望是聪明才智的激发器，在一堂课的开始就把学生的学习热情调动起来，学习的效果会更理想。

3.导入应注意新旧知识的联系。化学学科具有完整的科学体系，在学习时要注重学科的系统性，应利用"导入"的契机，简单复习新课所需的旧知识，唤起学生原有的记忆，这对新知识的学习是很重要的；同时，新旧知识的迁移、类比，也是学生应该掌握的一种学习方法。

4.导入应切合学生实际和课程内容。好的导入应符合学生的心理特征和现有知识水平，不能太"玄"，也不需要太多的形式，应立足于课程内容。一堂好课，需要在某些环节上做一些技术处理，但过于复杂的技术处理或形式反而会淡化课程内容本身，使学生眼花缭乱，不知学习目标是什么，对新知识的接受未必有益。

二、常用的导入方式

课堂导入没有固定不变的模式。根据学生的实际情况并结合每节课内容的特点，在设计上可以采取不同的方式和策略。下面介绍几种常用的方式。

（一）情境导入法

以实际生活中的场景或问题作为课程的开始。这种导入方法的优势在于：让学生领悟到化学源于生活而又应用于生活，把抽象的化学知识具体化、生活化，有利于学生理解和接受新内容；同时，在学习之前引进实际情境，点明本课主题，学生对本课的知识点明确了，在学习过程中就会产生"有意注意"，可以提高学习的效率。

例如，在讲"氮气的性质"时，首先播放一段日常生活中司空见惯的雷电交加的录像，伴随着录像场景，教师充满激情地说："看到这样的场景，想起这样一句谚语——雷电发庄稼。此时，农民看到的是雨后绿油油的麦田，展望的是秋后丰收的喜悦（同时展示相关的图片）。而一些受氮氧化物污染较严重地区的人们，却大声疾呼'少打雷吧，别下雨了，我的钢材都被你毁了'。在这一自然现象的过程中到底发生了哪些化学变化？为什么不同的人对它的感受不同呢？"

通过一个实际情境引出化学问题，再通过对化学问题的解决得到新发现，学习新知识。这样的设计可以在课的开始就吸引全体学生的注意力，引起他们学习的兴趣。因此，这种导入方式应用得较为广泛。

（二）生活问题导入法

以一个能引发学生兴趣与思考的问题作为一堂课的开始，在问题解决与探究中进入新课学习。这个问题应该是开放的，能激发学生的兴趣，只有这样的导入才能在学习过程的开始就引发学生的求知欲和探索欲。这个问题可以是一个实际问题，也可以是一个纯化学问题，但无论如何，这个问题必须紧扣本课主题。

例如，在讲"氯气的性质"一节时，可以导入以下生活问题作为课的开始。

新课导入：同学们，你们知道直接用自来水养鱼，鱼儿为什么容易死吗？通常自来水厂最后一道工序用什么试剂来消毒？如果直接用自来水配制硝酸银溶液可能会有什么现象？（演示：在自来水中加入硝酸银溶液）。目的是激发学生的学习兴趣，并暗示化学与生活紧密联系。

（三）温故孕新导入法

有些类型课程的学习需要很多相关知识的运用，或可以由固有知识进行迁移得到，这就需要在学习新知识之前先进行复习，唤起学生对固有知识的记忆。温故的作用在于可以扫清求新过程中的障碍。有些课程可以通过对固有知识的回顾、反思，运用迁移、拓展和类比等手段引出新知识，使新概念的形成顺理成章，这样易于学生理解和接受。

例如，"氯气的实验室制法"是教材中继初中"氧气的实验室制法""CO_2的实验室制法""氢气的实验室制法"之后的又一气体的制取方法，学生从回忆初中所学氧气、氢气、CO_2的制法中受到启发，回忆所学气体制备原理和所选用的发生装置，运用比较、分类、归纳等方法对信息进行加工，获取实验室制取气体的一般方法及选用制气装置的一般原则，并亲自设计实验室制取氯气的原理，根据原理选择适合的实验装置，同时在与同学的交流中发现问题，进一步改进装置，使其不断优化，培养科学探究能力和实验设计、创新能力。

（四）开门见山导入法

这是最直接的导入方式，其优势在于直接点明主题。学生在学习过程中直奔主题，排除其他内容的干扰，对一些教学味较浓而知识容量较大、难度较高或相对独立的内容非常适用。

例如，在讲"原子结构和相对原子质量"一节时，通过课件直接展示资料，如人类对原子结构认识的几个历史阶段，介绍电子、质子的发现，然后直接导入新课的讲授。

（五）操作探究导入法

这种导入法是目前化学课堂教学中运用比较多的导入方式，就是让学生在动手操作中发现规律，提出猜想，进入新课学习。这种导入方式充分调动了学生的主动性，在操作过程中使学生的投入达到最佳状态。在探究过程中，他们的创造力会得到激发。但是如何设计一个既能达到预定目标，又切合学生实际的操作问题呢？

例如，在验证"卤素单质氧化性强弱递变"时，给学生提供：氯水、溴水、碘水、氯化钠溶液、溴化钾溶液、碘化钾溶液等六种试剂，让学生根据原子结构理论分析得出的认识来设计有关的实验，证明氧化性 $Cl_2>Br_2>I_2$，还原性 $Cl^-<Br^-<I^-$。接着进行方案的交流和评价，让学生在设计过程中复习所学的知识，再通过实验论证，给学生一个直观感受，使学生进一步巩固所学知识。

这样的导入趣味横生，不但学生的主动参与程度很高，而且由此所形成的课堂氛围也是轻松愉快的，在这种氛围下，学习更有乐趣。

新课导入的方式很多，不同的课型应有不同的选择，同样的教学内容采用不同的设计也可能达到同样的目的。但是，无论采取怎样的导入方式，提高课堂效率、激发学生的学习兴趣是最根本、最重要的。

三、课堂小结的作用、原则与形式

（一）课堂小结的作用

不少教师比较注重课堂教学过程和新课导入，却忽视了课堂小结的作用。其实，课堂小结也是课堂教学中的重要环节。因为：

1.事实上，学生在课堂学习中受教师引导的作用较强，对所接受的知识和方法的认识是凌乱的和不规则的。教师在小结时，可以通过对课堂学习的回顾、反思，概括、归纳知识点和学习方法，使学生对一堂课的内容有一个完整而系统的认识。这样，既有助于加深他们对新学知识的理解和记忆，也有助于他们把新学知识与固有知识进行有机联系，形成有效的知识链、知识网。

2.小结可以弥补在教学过程中的某些失误。因为在刚开始学习时，往往有些学生不知道本堂课的学习目标是什么，不清楚学习内容和学习目标会造成学习效果的不理想。如果在小结时能承上启下，再次明确学习目的和应该达到的目标，以及本堂课知识能解决的问题类型，就可以使学生有更深刻的认识，进而使一些"后知后觉"的学生"茅塞顿开"。

3.一般本堂课的知识点对下一堂课的学习影响较大，前后密切联系，在小结中可以通过质疑、反思激发学生对未来一堂课的学习愿望，对后续学习也很有益。因此，课堂小结不是可有可无的，教师应该充分利用下课前五分钟进行小结、归纳，效果比再做一道题好。

4.在教学过程中有新的收获和积极的变化，小结对教师也是如此。利用课堂小结，师生共同总结各方面的收获，交流学习体会，这对学生和教师都是一种提高，是增长经历和获得体验的良好时机。

（二）课堂小结的基本原则

1.课堂小结中的主要部分是对知识点的小结，其目的是使学习者通过课堂教学形成比较系统、完整的知识轮廓。因此，在小结时应注意知识的完整，重要内容和方法应该不重复、不遗漏。

2.一堂课的学习内容应有侧重点，如果平均使用时间和精力，会让学生产生抓不住重点的感觉，影响对重要内容的体验和记忆。因此，在小结时应注意突出重点，强调难点。

3.化学问题是解决不完的，练习是做不完的，因此，掌握方法是最关键的。在小结时应注重化学学习方法的传授和化学规律的再发现，更应注意方法、规律的总结，尤其注意对各种方法、规律的作用与适用类型的归纳。

4.只有学生的学习积极性被调动起来，学习的效果才会更好。因此在小结时，单纯由教师对主要内容进行归纳、整理，学生的记忆是不会深刻的，而放手让学生自主地归纳、概括主要内容和化学方法，自主地总结一堂课的收获与体会，效果会更好，有时甚至会掀起课堂教学的又一个小高潮，引发一次小的却又激烈的讨论，让教师和学生在"恋恋不舍"中结束课程。这样的小结能让学习者对这堂课回味无穷，能培养学生的学习兴趣，能对整堂课起到推动作用。

5.课堂小结应该注意前后呼应，应该对导入时提出的思考问题做出解释，或再进行一次深入发掘。有时，教师在授课过程中通过自我反思，有新的见解或发现。在小结时，教师可以提出自己的新观点、新发现，但要注意与本节教学内容或新课导入的联系和呼应。

（三）课堂小结的注意点

良好的课堂小结会加深学生对整堂课的印象，会使学生对所学内容理解记忆得更深刻，对学生非智力因素的激发有益，但课堂小结的时间有限，而且具有总结性、肯定性的效果，因此，在小结时应注意以下几个问题：

1.教师在思想上要重视课堂小结，不能单纯做些简单的知识梳理，甚至梳理的内容都不完整，这样的虎头蛇尾会影响一堂课的教学效果。

2.小结应立足于本堂课内容的重点、难点的归纳与突破，尤其要注意简洁明了且富有条理性，要分清主次，突出重点，强调难点，追求精彩但不应该故弄玄虚或者把本堂课内容随意延伸。基于学生的生理、心理发展规律，要求学生一堂课始终保持高度集中的注意力是不可能的，教师应让学生思维有张有弛。临下课时，学生处于思维疲劳状态，因此，这时的兴奋点不应该引发学生"无休无止"的心理疲惫。比如，提出学生根本不可能在短时间内解决的难题，或是教师仍喋喋不休地讲个不停。

3.根据课程的不同结构和类型，应选择不同的课堂小结方式。例如，概念课小结时一定要回顾、再认识概念，并对概念应用方面进行概括、归纳；而在计算课时，应该梳理运算的步骤、注意事项、常出的错误和计算时常用的技巧等。在上实验课时，更应注重实验的真实性和可操作性及实验背后的反思等；在习题课上，应加强各种问题类型的小结和同类型问题解题规律、技巧与方法的总结；复习课一定要把一个单元的内容进行梳理，尤其应该强调单元中的难点与重点。但是，无论什么课，小结都应该注重化学思想方法及其应用的总结。

（四）常用的课堂小结形式

1.知识归纳式小结

这种方式是最基本并且应用最广泛的课堂小结方式。应该说，所有的课堂小结都包含知识点归纳。它主要通过师生共同回顾本堂课所学的主要内容，把新学的内容梳理一遍，使学生通过小结，对本课内容有一个整体、系统的认识，力求达到更深层次的理解。

2.前后呼应式小结

在课程导入时，有时候以一个思考型问题引发学生的反思、质疑，顺理成章地进入新知识的探究与学习；或者在导入时，师生共同提出一些观点、猜想，通过一堂课的活动，来验证这些观点与猜想等。在课程结束前，应该再回到导入，对问题做出正确而完整的解答，对观点、猜想做出合理而肯定的解释。如果对导入所提出的问题、观点不了了之，会失去其效用，有时甚至使学生产生错误认识，做出错误判断，甚至影响以后的学习。

3.交流及反馈小结

如果课堂小结总是由教师或学生进行知识点归纳、小结或进行方法概括，那么，学生会觉得疲惫，并且容易注意力分散，不一定能达到预期的效果。所以在某些课上，在课堂小结时可以围绕本堂课的主要内容进行小组间的交流与讨论，然后全班反馈，这样做常使学生再次闪现思维的火花。例如，可以在概念较多时，让几名学生组成一组设计一张表，用来概括知识点，然后全班交流每个组的成果，以加深印象，进而形成更好的记忆方式。又如，请学生小组讨论，精心设计一个应用新知识、新方法的小问题，通过探索与解决这个问题，理出一堂课的主线，并在再次运用中强化理解与记忆；有时还可以让学生通过编题并解答来加深对新内容的认识、理解、掌握和应用。

4.自主评价型小结

学生是学习的主体，也是课堂的主人。课堂教学应该给学生足够的时间和空间去体验、思考和感受，同时让学生有机会畅谈他们的体验、感受与收获。学生不仅是接受者，他们也应该对课堂教学、教师及学习同伴做出评价。在一堂课的最后，教师应把讲台还给学生，给他们权利，让他们对课程学习表达出他们的疑惑或者收获的欣喜，提出建议和不同见解。在开始阶段，学生往往只会模仿教师进行简单的知识内容的整理，或是很泛泛地谈几句，这时，教师不要气馁，在鼓励他们的同时，可以自己先提出一些小问题，请他们思考，或是谈谈自己对某个教学环节处理的"事后反思"，提出修改意见，也可以谈谈对某名同学发言或方法的欣赏，等等，时间久了，学生自然而然会由简单模仿到有自己的观点和自己的表达方式。在评价中，学生锻炼了表达的能力，而"化学表达"是化学中非常重要的能力，化学语言是世界上最精练、优美的语言，是跨越国界的语言。能用化学语言表达，用化学方式思考，用化学方法解决问题，是素质教育的要求，为学生今后"学化学，用化学"打下扎实的基础。

第二节　对教学节奏的把控

一、课堂教学应该有节奏

课堂节奏是指教师在组织实施课堂教学时，适当把握各教学环节的方式和速度，使课堂教学处于有规律的动态变化之中。课堂节奏具体体现在教学内容主次的组织、顺序的安排以及教学信息传播的速度等方面。高效的课堂教学应该有较强的节奏感，有不同的教学方式和学习方式的穿插使用。具体操作时应根据不同的教学内容、教学目的及不同的课型灵活掌握。

课堂教学要有节奏，主要基于以下三个方面的原因：

（一）教学内容方面

一堂课的教学内容本身有一定的节奏，既有重点又有难点，同时还有一些起辅助作用的一般内容和过渡内容。在课堂教学过程中，如果平铺直叙，对所有内容平均使用力量，那么，学生接收的信息量就会过大，难以消化。尤其对重点、难点内容若没有特殊强调，则会导致学生对重点内容无深刻印象，对难点内容茫然无头绪，将造成平时常听到的一种对课程的评价：不知道这堂课在讲什么。这样的教学是低效的，甚至是无效的。

（二）教学过程方面

一堂课应该至少包括三个主要阶段：课堂引入、课堂授课和课堂小结。其中，课堂授课所占时间的比例最大，也是最重要的教学阶段，它对教学效果起决定作用。因此，对授课阶段的设计要根据学生的年龄特点、教学内容和教学目的等，恰当运用提问、思考、质疑、操作、尝试、探究、猜想、讨论、交流等手段和方法，使学生在授课阶段处于一种不断发现、不断思考、不断收获、不断记忆的思维兴奋状态。在这种动手、动口、动脑的动态变化中，学生才能主动学习，主动打开思路，学生的积极性被调动起来后，他们的创造性潜能也会被发掘出来。学生们精彩的思维火花被点燃后，教师的兴奋点和激情也会随之激发，在这种学习氛围下，课堂是活的，是流动的，它的美感和高效不是备课时所能预期的，而它的效果也不是单调的听、讲、练的课所能达到的。

（三）学生心理方面

人的注意力不可能长时间集中在一个点上，教师要求学生一堂课自始至终注意力高度集中地听课是不可能的。没有适当的调节与放松，听不到一半，学生就会产生疲倦感。因此，教师在授课时应遵循学生的心理特点，安排几个不同的环节，让学生的注意力适当转移，他们就不会产生疲倦感。同时，心理学家发现，当人在动手、动口时，注意力相对容易集中，而且能保持较长时间，因此，让学生适度活动是很有效的，例如，做实验、设计方案、小组一起交流等。

有节奏感的课使学生的印象比较深刻，遗忘率较低。这样的课可以培养学生主动学习的意识，不但教学效率高，而且对学生的终身学习能力的培养及潜能的开发至关重要。

二、恰当的课堂节奏

恰当的课堂节奏应该适合一般学生的心理，张弛有度，动静结合。

掌握恰当的课堂节奏，要求教师在课前做好准备，即根据教学内容、学生特点等精心设计本堂课几个重要的环节及各环节所需的时间、所要解决的问题和预期达到的目标等。在设计时，应该体现教学内容的主次，避免面面俱到。对难点内容，可以设计一个适当的坡度，使学生能通过自己思考和与同学交流的方式突破难点；对重点内容，可以使其在各环节中不断出现，以强化学生记忆。教师讲解时，也可以通过自己的语言、语音、语气来突出重点和难点。

【案例】金属钠的性质

一、课前准备

1.随着现代信息技术的发展，学生可以从网上搜索和学习到很多东西，所以，教师给了学生自主学习的时间，课前让学生自己去了解金属钠的知识。

2.复习、回忆初中对铁、锌等金属的认识，总结金属的化学通性。

二、创设问题情境

从学生熟悉的铁、锌的性质入手，提问："金属有哪些化学性质上的通性？"学生交流课前准备，师生共同总结，"金属能与非金属反应，氢以前的金属能与酸发生置换反应，活泼金属能在不活泼金属的盐溶液中置换出不活泼金属"等，提出新的问题："在金属活动性顺序表中，钠排在第2位，是很活泼的金属，如果将一小块金属钠投入硫酸铜的水溶液中，能否从溶液中置换出铜？"根据课前准备中学生对钠的性质的认识，让学生预测实验结论，目的是激发学生的求知欲，引出新课。

三、实验探究

1.教师演示：钠与硫酸铜水溶液的反应

教师展示钠，提问："为什么钠保存在煤油中？"教师用镊子取一小块钠，吸干煤油，在投影下用小刀切，提问："在这个操作过程中可观察到钠的哪些性质？"

教师将钠放在盛有硫酸铜溶液的烧杯中，上方盖表面皿，投影，引导学生仔细观察实验现象，并如实记录到学案中。

2.分析讨论

现象：钠浮于液面上，溶成小球，反应剧烈，甚至有火星，小球四处游动并伴有嘶嘶声，最后消失。同时，溶液中有蓝色絮状沉淀生成，局部有变黑现象。

学生分组对上述实验现象进行分析，探究钠与硫酸铜水溶液反应的本质。

学生讨论后提出猜想："钠投入水溶液中没有置换出铜的原因是钠首先与水发生了反应，生成NaOH，再与硫酸铜反应生成蓝色絮状沉淀氢氧化铜。"

3.学生进行实验设计，探究钠与水的反应及产物。学生交流实验方案，师生统一实验实施方案。

教师进行实验前指导：必须用镊子夹取钠，用小刀切黄豆粒大小的一小块钠，注意观察钠的本来面貌以及在空气中露置的变化，吸干煤油后放入盛水的烧杯中，注意人与烧杯的距离。仔细观察现象，如实记入学案，并对实验现象进行分析，探究钠与水的反应本质。同时体会这个实验中体现出钠的哪些物理性质。

学生实施实验操作，教师进行实验指导。实验后，学生进行分组讨论分析。

实验结论：钠是一种非常活泼的金属，能与水发生置换反应。

4.引导学生分析钠与非金属的反应

从切开钠观察到钠变暗入手，提问：如果在加热或点燃条件下，钠与氧气的反应将如何？

教师演示：钠在空气中燃烧，学生注意观察火焰的颜色及反应后产物的颜色、状态。

学生体会钠与氧气在不同的条件下反应得到的产物不同，认识化学反应中反应条件的重要性。

学生回忆钠与氯气的反应、钠与硫的反应，总结：在一定条件下，钠能与大多数非金属反应。

四、归纳总结

钠的物理性质；

钠的化学性质；

钠为什么保存在煤油中？

五、开放时间

1.你在课前准备中从网上或课本预习中发现的问题有哪些通过本节课的学习得到了解决？还有哪些疑问需要老师和同学的帮助？

2.在这节课中，你的收获是什么？

六、布置作业

1.必做作业：学案中的练习。

2.拓展思考：一小块钠在空气中长期放置，最终的产物是什么？整个反应中有哪些相关的化学方程式？如何设计实验证明你的结论？

这样的设计没有面面俱到，而是突出重点，突破难点，环环相扣，课堂节奏完全适合一名高中学生的心理。

三、教学过渡

适当的课堂节奏要求教学各环节能有机地连成一个整体，否则，一个个零星碎片会造成学生理解和记忆的零乱。经常被中断的思路会使学生不知所措，因此，在教学的各个环节之间应该有自然的过渡。

一堂课的学习内容往往不是单一的知识点，而是由几个知识点共同组成的，课堂教学应该有帮助学生构建知识体系的作用，因此，在一堂课或者一个知识单元中，教学内容的各个部分之间应该有过渡。这种过渡起到承上启下的作用。过渡设计得好，学生能把学习内容连成一条线，织成一张网。过渡的基本要求如下：

1.过渡要自然

一堂课是一个整体，由若干个小部分组成。教师设计的过渡应该注意各部分之间的内在逻辑联系，同时也要注意运用富于变化的语句或采用不同的方式、手段。

2.过渡要引起学生的思考、疑惑

过渡通常发生在各教学环节之间或一部分教学内容结束时。即将开始新一部分教学内容的时候，学生高度集中的注意力和思维状态会得到放松和暂时的休整。因此，好的设计不应该仅仅满足于连接前后两部分内容，应该富有启发性，让学生在思考、质疑和好奇中自然过渡到新的部分。

3.过渡要根据不同情况，采用不同方式

课堂授课不应有固定模式，过渡亦然。长期采用相同模式授课、过渡，学生会失去新鲜感，兴奋点难以被激发，而且各种课的类型不同，也要求采用不同的设计。

四、课堂节奏的基本要求

（一）主次分明，重点突出并能体现明确的教学意图

这就要求教师首先明确教材中本堂课的教学内容的地位、作用和意图，在此基础上，明确哪些知识点和问题是需要重点掌握和解决的，哪些知识点对后续学习是至关重要并且必须强调的，哪些知识点对学生而言有一定难度，哪些需要设计坡度以求突破等，然后再设计课堂教学中的主次轻重。

（二）思路清晰，目标明确

对同一堂课的内容可以有各种不同的设计，但无论什么样的设计，教师都应有自己的思路和目的。例如，这堂课的主要环节是哪几个？通过怎样的方式

（操作、探究、讲解、交流、观察或猜测等）实施各环节的教学？预期达到什么目标？它与前后环节之间如何自然过渡？每个环节要解决什么问题？发现、学习或理解、接受哪些知识点？一堂课的最终目标是什么？等等，只有教师教学思路清楚了，整个教学过程才会变得清晰流畅。

（三）教学内容与教学形式相结合，打破模式化

教学内容是课堂节奏的内在因素，它对教学形式起决定作用。课堂节奏安排和各环节设计，都应该根据教学内容及学生年龄段的不同，精心加以选择，不可将课堂教学模式化。只有当教学形式与教学内容和谐地融合在一起时，教学才会取得最佳效果。例如，教师越来越意识到培养学生的再发现能力很重要，于是每堂课都设计一个再发现知识的过程，但教学效果并不好，因为很多教学内容是不需要或无法再发现的，很多规律性的知识由教师讲解而由学生接受效果会更好。

第三节　教学启发与引导

启发与引导是指在教学过程中，教师设法调动学生的积极性，并依据学习过程的客观规律和学习内容的内在规律性，引导学生积极主动地探求知识、掌握知识和培养能力。

在课堂教学中，启发与引导的作用很重要，应用也很广泛。例如，在新课引入时，面对实际生活，教师可以启发学生通过观察得到一些化学结论，把生活问题化学化；在学习新知识时，教师可以通过一些学生常见、熟悉、易于理解的例子说明难以理解的化学概念或抽象的化学逻辑关系；在学生回答问题时，常有回答不出或回答错误的情况，教师可以采用启发与引导的方式，帮助学生自己发现原因，找到正确的方法等。可以说，在课堂教学中，启发与引导无时不用，无处不在。

一、启发与引导的作用

启发与引导，即在教学过程中，教师对学生予以适时、适当的点拨与提示。

课堂教学的方法很多，如讲授法、谈话法、讨论法和演示法等。在一堂课中，针对各种教学内容、背景，各种教学方法可以交替使用。

启发与引导在各种方法中都时时体现，其作用是：

（一）能为学生指明正确的思考方向，并引导他们用适当的方法去理解和解决问题

在学生对学习内容的理解有困难或在解决问题的过程中遇到了关卡而无法继续进行下去时，如果没有适时的点拨，他们会茫然无措，要么停止思考，要么四处出击，乱碰乱撞，以致浪费很多时间却没有收获。尤其在学习新知识时，给学生一个明确、清楚的概念和定理及其使用方法、范围或作用等方面的启发，既能提高学生学习新知识的效率，又会使学生在今后遇到类似问题时，可以进行有明确目的的思考，提高学生思维的有效性。

（二）能降低学生在解决问题时的思维难度，培养学生对化学的直觉能力

化学本身具有很强的逻辑性，在学习化学和应用化学解决问题时，如果能注意在难度较高的地方给学生一点适度的点拨，搭一个小小的台阶，学生通过这个台阶，不但能解决问题，而且在解决问题的过程中能领悟化学中的逻辑思维方法。长此以往，他们学会了运用化学方法解决问题，养成了化学化的思维习惯，也会摸索着自己搭台阶以降低思维难度。其实，善于找到解决问题的突破口，搭一个有效的台阶，就是我们平时常说的直觉强，有灵感。

（三）能提高学生的思维质量

学习化学的根本目的并不只是单纯地学到很多化学知识,对大多数人来说,化学知识在他们的一生中的运用是很多的。一般人都知道，化学学得好，除了能为理科的学习奠定良好的基础外，更主要的是在用化学化的方法分析问题、解决问题时，能条理清楚，思路敏捷、周密、完整，这是化学的学科特点所决

定的。但是，要想使学生能进行高质量的思维活动，需要教师在平时教学中多引导学生进入这种思维状态，使学生学会运用各种化学方法，并且在学习中习惯运用化学化的思维方式。

二、启发与引导应遵循的原则

（一）掌握最佳时机

启发与引导的最佳时机是学生在学习、思考或解决问题中遇到困难且通过自己独立思考确实无法进行下去的时候。因为学生在思考过程中已经尝试过各种方法、手段，并且对问题所给的条件和所要达到的目标已经很清楚，只是可能对自己的方法不够自信，或思路有所偏离等。这时，教师给予学生一点小小的提示，学生会马上与自己原有的思路联系在一起，找到自己在思考中存在的问题，从而思路贯通，开阔顺畅。同时，由于自己碰过壁，学生对今天的学习会印象深刻，那么在今后的学习中，再遇到同类或相似的问题，他们会尝试用今天的方法去思考。时间长了，随着方法的累积，能力当然会越来越强，这就达到了学习化学的目的。

启发与引导的时机很重要，如果时机把握得不好，往往达不到预期的目标。具体操作时一般要注意以下两种情况：

1.内容较浅，问题难度不高

凭学生现有的知识基础和学习能力完全可以独立解决的问题，应该给他们多一点思考的时间去自己解决。有些老师总担心教学时间不够，不放心把教学时间拿来让学生充分思考，喜欢包办代替，这样做往往会造成学生思维懈怠。

2.教学内容和问题难度过高

教师应该给予适当的引导。有些教师过于相信学生的能力，一味强调学生独立思考，结果把很多教学时间浪费在学生的冥思苦想上。学生在思考时，因为缺少正确的引导和方向，所以只能乱碰、瞎撞，甚至失去耐心和信心，从而导致思维停止，只等教师讲解，其结果是浪费了宝贵的教学时间，还可能使学生对学习失去信心和兴趣。但是，在提出问题后马上讲解也可能失去问题本身的价值和效用。因此，对难度较高的问题应该给学生多一些时间，让他们认真思考，因为只有认真思考，才会有深刻的理解和记忆。当然，这个等待的时间应该比较适中。

总之，若教师启发与引导的时机把握得不好，在应当让学生更多思考的时候过早给予引导、提示，则使本来可以让学生通过理解和分析提高思维深度、广度的问题失去作用，影响学生思维质量的迅速提高。但是，过度的等待和冥思苦想既会挫伤学生思维的积极性，又影响教学任务的完成和学生学习的积极性。因此，在课堂教学中，教师要根据学生的反应和教学实际情况恰当把握启发与引导的时机。

（二）注意层次性

课堂教学中需要学生理解、掌握的内容和需要思考的问题分为五个层次：极难、难、较难、一般和不难。极难的内容应该由教师进行详细的分析和讲解，而不难的内容和问题则不必讲解，可让学生自己去解决。需要教师启发和引导的只有难、较难和一般三个层次的内容。对这三个层次的内容，教师应该分别选择不同的时机和方式进行适度的启发与引导。

对难的内容和问题，教师可以在向学生提出思考要求时，对需要思考的内容和问题做一个大概的介绍，然后对思路、方法做一个简要提示，让他们少走弯路，快而正确地理解教学内容或解决问题。

对较难的内容和问题，应该在提出问题后让学生独立思考。在他们经过积极思考，接近得到结论或解决问题而又无法真正完成时，教师稍稍点拨，会使学生豁然开朗，使他们在对教学内容的实质有了透彻理解或在真正解决问题的同时，享受成功的喜悦和思维的乐趣。

对一般的内容和问题，可以放手让学生独立完成。在学生经过独立思考后还有疑惑时，再对学生的疑惑进行解答和点拨，这样比教师讲解更有效。

当然，在启发和引导时，应该先考虑大多数学生的需要，从大多数学生的实际情况出发，对个别程度特别好或特别差的学生，可在课后对其进行辅导。

（三）应具有发散性

所谓发散性，是指在课堂教学中教师对学生的启发与引导应拓宽学生的思路，使他们不仅能找到问题的答案，并且使他们的思维变得异常灵敏和活跃，热情被激发。同时，在多方面、多角度的思维训练下，他们的思维质量将得到明显提高。

发散性的启发与引导应该有利于学生的思考。教师在向学生提供达到学习目标的思维途径和方法时，不能含糊其词，这对学生思考毫无帮助；更不能过于明白无误，使学生不需思考便能达到目的，这也就是说要适度。只有适度的启发与引导才会使学生产生有价值的思考。这就要求：

（1）启发应该有的放矢，应该针对学生在理解和分析时碰到的疑难点；

（2）应该给学生指出一条具有启发性的思维途径，而不是指示学生尽快去找到问题的正确答案；

（3）可以启发学生运用能有效解决问题的化学方法，让学生在解决问题的同时，掌握各种化学方法，以培养终身学习的能力。

三、启发与引导的方式

（一）教师提示法

在课堂教学过程中，当学生在回答教师的问题或独立思考解决问题的过程中遇到各种各样的疑难点时，教师应予以适当提示。因为每名学生的学习基础、理解能力、接受能力、分析能力和智力发展水平等均有差异，他们在学习和解决问题时的思维能力也有差异。因此，在课堂教学中，会有不同的状况出现，这就要求教师在做提示时要根据不同的学生选择不同的方法。如果用"一刀切"的方法加以提示，效果将是：有的学生感到教师的提示"多此一举"，自己的思维状态已经达到这一层次；而有的学生认为教师的提示没有提到点子上，对自己的思维活动无实质性帮助。

1.面向个别学生的提示

当教师向某名学生提问而学生一时不能回答出教师提出的问题，或学生独立思考而出现疑难时，教师应针对这些学习有困难的学生予以适当提示和点拨。这种点拨要因人而异。对平时喜欢钻研、常有独立见解但好钻牛角尖的学生，可以"点"得浅一些，采取"引而不发，旁敲侧击"的方法，引导他们联系已有知识，换一个角度、换一种方法进行思考，并且激励他们说出自己的观点或思路。对平时思维灵活度不高，比较沉闷、胆小的学生，则需要"点"得明白一些，把他们的思路引向便于他们思考的通道，或干脆明确告诉他们思维的正确路线，举些更浅显的例子让他们模仿。

2.面向全体学生的提示

在课堂教学中，为使学生比较顺利地沿着正确的思维路线去理解和掌握教学内容，而对全体学生做出有启发性的引导与提示。要想使这种提示取得较为理想的效果，应该做到：

（1）根据班内绝大多数学生的基础和学习能力，决定是否做提示或做出怎样的提示。对于学生经过思考能够自己得出结论的问题，不要做全班提示；而对于多数学生认真思考后虽有了解，但理解并不深刻，无法真正理解问题或流畅表达的，应当做出适当的提示。

（2）注意把握提示的"度"。这里的"度"是指提示的明晰度。为了让学生达到在学习过程中通过思考解决问题，培养终身学习能力，培养发散性思维的目标，教师在做出提示时，不能让学生一听教师的提示便"豁然开朗"，应该留一点儿，以便学生有更为广阔的思考余地、更多的思维空间。

（3）提示应具有概括性，不要过于具体。因为概括性较强的提示涵盖面比较宽，能使学生从中不同程度地受益。

（二）教师举例法

在课堂教学的过程中，当遇到比较抽象的难以理解的知识点时，或是学生在学习和解决问题的过程中遇到困难无法进行下去时，或是教师为了达到让学生深刻理解、记忆的教学目的时，都可以采用举例法进行启发和引导，即用具体、形象、生动的实例来启发学生理解抽象、难懂的化学知识，让学生在真正理解的基础上通过实例达到解决问题、深刻记忆的目的。

用举例法对学生进行启发与引导，能使原本从理论到理论的教学内容变得具体、形象，使学生不会因为内容难以理解或枯燥乏味而失去学习兴趣，使学生在轻松的学习状态中提高课堂教学的效率。要真正达到这个目的，对所举的例子应该有选择。在选择时应该注意以下几点：

1.举例要贴切

与教学内容无关的例子，无论它们如何生动、形象，一概不能举。与教学内容虽有关系但联系不太密切的例子尽可能不举，要举就举与教学内容密切相关的例子。例如，在学生学习原子的组成时，对于原子这样很小、看不见、摸不着的微观粒子，让学生理解透彻是有一定难度的，所以在教学中应尽量多举些例子或事实来帮助学生形成原子概念。如原子很小，原子核又比原子小很多，它的半径约为原子半径的几万分之一，它的体积只占原子体积的几千亿分之一。这些数据是非常抽象的，可以打比喻：假设原子是一个足球场，而原子核只是足球场中央的一只小蚂蚁。再如，用电子云形象地描述原子核外电子的运动时，实现对电子云的理解，可以举一些生活中的现象：用照相机不停地记录花园里一只蜜蜂围着一朵花采蜜，将很多张照片叠加在一起，你会看到在花的周围有很多蜜蜂，但离花朵近的区域蜜蜂出现的机会最多。以具体的实例来说明，学生的理解才会深刻。

2.举例要适当

课堂教学的一个重要目的是向学生传授知识，提高他们的学习能力和智力，举例仅是一种对学生进行启发、引导，使学生更快、更好地理解和掌握教学内容的手段。因此，一堂课不要举太多例子，否则会喧宾夺主，会导致学生头脑中充满了生动、具体的例子，而对于应该掌握的教学内容却不能留下深刻印象的情况下，这样反而影响了课堂教学的效果。

举例要适当，同时还体现在所举例子应适合学生的年龄特征、已有知识及生活背景。年龄较小的学生，其理解能力和已有知识存在局限性，有些在成年人看来理所应当的问题，在他们看来却是无法理解和想象的。因此，在举例时一定要考虑学生的接受能力和理解水平。

3.举例后要加以阐述

用举例来启发、引导学生进行正确思考时，对这个例子应该加以说明，并把它与教学内容有机地结合起来。用例子说明教学内容的同时，应把其中的化学原理归纳、总结、概括出来，达到例子与教学内容的融合。教师如果只举例，不去揭示原理与例子之间的必然联系，学生就无法知道教师举例的用心，这样，既起不到启发与引导的作用，也发挥不了好例子的实效，达不到预期的目标。

（三）交流讨论法

课堂教学是由"教"和"学"相互配合、相互影响的一项活动。教学应确定和尊重学生的主体地位，切实关注学生主体意识的形成和自主、合作学习能力的培养。教师应创造条件和机会让学生主动、能动地学，促使学生学会学习。为此，对有些教学内容，教师可以通过交流讨论的方法对学生进行启发与引导，赋予学生更大的自主权，最大限度地提高学生学习活动的自由度，让学生在交流、讨论中理解新内容，同时培养其合作、交流的意识，使其学会学习。

对学生而言，课堂讨论是一种最能激起学习兴趣和求知欲望的方法。让他们自己去体验、思考，这样最能激发学生的积极思维。但是，并不是所有的启发与引导都需要学生进行讨论。对教学内容中的一些重点、难点，可以组织学生进行讨论，因为在讨论中，为了证明自己的观点是正确的，学生的思维会比平时更活跃，精力会比平时更投入，学生对通过讨论得到的结论，会理解得更深刻。这样，在讨论、交流的过程中，学生思考问题和语言表达会更敏捷并且富有创造性，有利于学生掌握化学表达能力及培养自己的创造能力。

在教学过程中，教师发现学生对某一知识点的理解有误或有难度，或遇到学生提出一些特别的观点、见解、问题、例子时，可以临时组织学生进行讨论和交流，让学生在相互讨论中辨出真理，去伪存真，解除疑惑，达到对知识的真正理解与接受。这样得到的效果往往比教师单一地讲授、解释来得好。

课堂讨论是一种很好的启发与引导的教学方式，但它有个致命弱点：容易造成课堂内比较混乱，导致部分学生浑水摸鱼。有些小组在讨论时会偏离主题，甚至偏离课堂教学内容，结果既浪费了宝贵的教学时间，又没有达到预期的目标。为此，在运用课堂讨论进行启发与引导时应注意以下几个问题：

1.讨论时要围绕主题

讨论的主题和问题是讨论成功的关键。课堂讨论不是目的，只是一种有利于学生进行积极思维，以便更好地掌握教学内容的方法和手段，应受到教学目的和教学要求的制约。讨论的问题应该紧扣本堂课的教学内容。游离于教学内容之外的问题，即使能引起学生浓厚的兴趣，也是不可取的。

适合进行讨论的问题应该具备以下三个条件：

（1）出自教学内容中的重点与难点，单靠教师讲解，部分学生可能难以理解得很透彻，讨论时，同学间的相互启发有助于他们的理解。

（2）对学生而言，讨论的问题能够吸引他们，让他们在讨论时有兴趣投入，产生观点的碰撞，并能激发他们内在的好胜心和求知欲。

（3）能拓宽学生的思路。讨论的目的不仅在于使学生对所学内容加深理解，更在于交流及生生、师生之间的相互启迪、补充，以掌握更多的化学思想方法。

这样的设计使学生的兴趣被调动起来。讨论紧紧围绕本堂课的主题，又有前面一堂课内容的支撑、迁移和类比，对多数学生而言难度也不是太大，因此，学生会对讨论充满热情。

2.讨论时要注重教师的引导作用

与讲授相比，课堂讨论更有利于发挥每名学生学习的主动性和积极性。因为，讨论活动以学生为主体，参加活动的每名学生都有自由表达自己见解的机会。同时，每名学生又要认真听取其他学生的发言，以随时得到反馈信息，及时调整自己的观点。应当认识到，学生进行课堂讨论的时间是很短暂而宝贵的，讨论带有教学目的和意义，要使讨论富有成效，教师一定要把好关，发挥好引导作用。可以说，这时候的教师应该是一位导演。教师只有充分做好各方面的准备工作，同时能更好地应对现场的各种状况，应对各种突发问题，才能使讨论真正起到更好地启发、引导学生理解、掌握教学内容的作用。

因此，在讨论中，教师不应是无所事事的，而应该随时关注现场，深入每个小组了解讨论的进展情况，帮助组员解决碰到的疑难问题，尤其对基础比较薄弱的学生。当有小组出现冷场或离题的局面时，教师应适时引导学生再次进入教学问题的讨论。在巡视中，教师可以及时发现、调整学生的问题，捕获学生思维的闪光点，了解讨论进展的情况，以确保讨论的紧凑、高效。在深入每个小组时，教师也可以融入小组进行讨论，而不要只当听众。这样，对把每个小组的讨论往正确的方向引导很有帮助。讨论结束时，教师要进行概括性总结。

3.课堂讨论应注意的问题

（1）要使讨论取得理想效果，应以小组为单位，每个讨论小组的人数应适中

不分小组的全班讨论，课堂秩序难以控制，容易出现乱哄哄的局面。同时，由于时间关系，很多学生得不到发表自己见解的机会。因此，必须把全班学生分成若干小组，以小组为单位进行讨论。每个小组人数以七八个为宜，人数过多会使有些学生失去发言的机会，人数过少则不利于集思广益。

（2）讨论时的组织形式要灵活多样，富有变化

在讨论时，如果有需要，可以把两个组临时合并，让两个组的学生互相听取不同意见，达到取长补短、相互启发学习的目的。

在充分讨论之后，一定要有集中交流，即全班进行交流、反馈。如果只有分组讨论，没有全班交流、反馈，虽然气氛很热烈，学生参与度较高，学生有了充分发表见解的机会，但缺少了正确的引导和必要的归纳，学生对经过讨论达成的共识就没有清晰、鲜明的印象，所讨论的问题没有肯定的判断，学生对得到的结论半信半疑，这些都会造成教学的失败。因此，全班集中进行交流、反馈是非常重要的。集中交流、反馈时，教师要概括出正确的结论和各种方法，

以加深学生印象，这也是发挥教师引导作用的一方面。

（3）要允许不同观点存在，保护学生思维的积极性

课堂教学的目的不仅是让学生学到正确有用的知识，更重要的是使学生在学习和掌握知识的过程中培养思维品质、提高思维能力。因此，无论是在讨论还是在交流、反馈时，教师都不应该轻易否定学生的不同见解和方法，应该让持有不同意见的学生能充分阐述自己的观点，从中发现其思维的亮点，并把这个亮点介绍给全班学生，形成生生、师生间相互学习的氛围，提高学生学习的积极性。对学生的错误观点不应该全盘否定，可以抓住这一教学契机，引导其和全班学生一起思考、讨论，找到错误的原因。这样做，一方面，由于"反例"的作用，学生会对正确的结论印象深刻，在今后解决问题时会尽量避免犯同样的错误；另一方面，能促使学生更加大胆地思考，充分激发他们探究的热情，保护了他们的积极性。在这样的教学氛围中，学生的求异思维得到了发展，这对培养学生勤于思考、敢于发表独立见解的思维品质是非常有益的。

第四节　化学学习与训练

训练是化学学习的重要组成部分，是教学内容中最具活力和影响力的组成部分。

化学学习的训练体系一般包括课堂例题和习题的讲解和训练，是教学过程中最基本的实践活动，是保证实现课程目标的重要途径。

例题的讲解和习题的训练，可以进一步揭示教学内容的原理。反复练习不但能加深学生对学习内容的理解和记忆，而且能使他们实现对知识的消化，把知识转化为自身的能力，领悟和掌握解题的技能、技巧，掌握蕴含于问题之中的化学科学思想和科学方法。

有位化学教师说得好："习题是化学学习的重要部分，习题配备得好不好，直接影响到学生学习质量的高低。许多优秀的化学教师的教学质量之所以高，

一部分原因也在于习题选择和处理得当。"注重练习并不是搞题海战术。不能把习题的解答作为训练的手段，而应该把它看成培养学生创造力的机会。

学生是教学活动的主体，在教学中应该以学生发展为本，学习的训练体系也是如此。教师应当关注学生的长远发展，尊重学生个体的差异，充分体现学生全面发展的需要。因此，在设计习题时，应该注意以下几点：

一、重视基础知识与基本技能的训练

化学题从易到难，可分为基础题、技能题、开放题、实践题。

基础题和技能题以知识技能为重点，考查学生对基本知识点的认知；开放题和实践题以过程与方法为重点，关注学生的学习过程与方法，有助于培养思维的灵活性，发展学生的能力和智力，提高学生的思维质量，培养终身学习的能力。

没有坚实的基础，空谈能力与创造是不现实的，在课堂训练中也是如此。学科基础知识和基本技能是学生能力发展、智力开发和终身学习的必要条件，是应用知识创新、创造的基础，因此，应注重基础题和技能题等基础性题的训练。当然，知识更新的速度越来越快，必须重新审视化学的基础知识和基本技能，使之与时代同步，与课程内容改革和课程目标要求同步。

在进行基础知识与基本技能的训练时，要注意方法和系统的安排。例题应当具有代表性，应难易适中，可以根据学生的实际情况选择或改编课本例题，对班级整体水平较高的学生，可以在课本例题的程度上适当提高要求，但不宜过高，以免学生认为难度过高，产生畏难情绪，对学习产生厌烦、畏惧心理。对班级整体水平较低的学生，可以在课本例题的程度上适当降低习题的难度，但过低会使学生的认知水平停留在较低的水平，无法上升，影响学习能力的提高和"双基"的达成。因此，教师应根据学生的实际水平掌握这个"度"。学习新知识时的训练应从较简单的问题开始，当单一类型的练习能熟练掌握了，也就说明他们对新学内容已初步掌握，再进行综合应用的训练，难度也应逐渐加深。要尽快使学生提高解题能力，掌握解题技巧、技能，由浅入深的综合训练是非常必要的。

有时，我们可以把一些经典的好问题进行改编，形成有实际背景的问题。对学生而言，这样做不但能更好地理解学习内容，而且有助于更好地构建知识系统，对思维灵活性、变通性等的培养也有好处。

例如，在学习"铜与浓硫酸的反应"后，针对这个知识点可以将一道简单的填空题由易到难改编成一系列变式问题，培养学生灵活掌握和运用知识的能力。

原题：写出铜与浓硫酸反应的化学方程式＿＿＿＿＿＿＿＿＿＿＿，在这个反应中，氧化剂是＿＿＿＿＿＿，还原剂是＿＿＿＿＿＿，氧化剂与还原剂物质的量的比为＿＿＿＿＿＿。

变式一：将 1.92g 铜片加入足量的浓硫酸中，加热，完全反应后，被还原的硫酸的物质的量是＿＿＿＿mol，此时，转移电子的物质的量是＿＿＿＿。

变式二：向 25mL 18.4mol/L 的浓硫酸中加入足量的铜片并加热，充分反应后，被还原的硝酸的物质的量（　　）。

A.小于 0.23mol　　　　　　　　B.等于 0.23mol

C.在 0.23～0.46mol 之间　　　　D.等于 0.46mol

变式三：用铜和硫酸为原料制取等量的硫酸铜时，有以下两种设计方案：

方案 1：铜片与浓硫酸直接加热制取硫酸铜。

方案 2：向热的铜片与稀硫酸的装置中不断鼓入空气。

通过分析反应原理，判断这两种方案中哪种方案好。＿＿＿＿＿

请说明此方案的优点：＿＿＿＿＿＿＿＿＿＿＿＿＿＿＿＿。

变式四：某化学兴趣小组为探究铜与浓硫酸的反应，用下图所示装置进行有关实验。

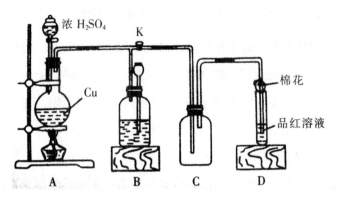

请回答：

（1）在装置 A 中发生反应的化学方程式为_____。

（2）装置 D 中试管口放置的棉花中应浸一种液体，这种液体是_____，其作用是_____。

（3）装置 B 的作用是贮存多余的气体，当 D 处有明显的现象后，关闭旋塞 K，移走酒精灯，但由于余热的作用，A 处仍有气体产生，此时 B 中的现象是_____。B 中的液体是（　　）。

A.水　　　　　　　　　　B.酸性 $KMnO_4$ 溶液

C.浓溴水　　　　　　　　D.饱和 $NaHSO_3$ 溶液

（4）在实验中，取一定质量的铜片与一定体积的 18mol/L 的浓硫酸在圆底烧瓶中共热，直到反应完毕，发现烧瓶中还有铜片剩余。根据已有的化学知识，该小组学生认为还有一定量的酸剩余。有酸剩余而未能使铜片完全溶解的原因是_____。

下列药品中能用来证明反应后烧瓶中确实有酸剩余的是（　　）。

A.铁粉　　　　　　　　　B.$BaCl_2$ 溶液

C.银粉　　　　　　　　　D.Na_2CO_3 溶液

在这样一系列变式问题的训练中，知识点之间具有连贯性、变化性，知识和问题的生成与发展通过对原题的拓展一览无余，其效果远远大于对几个无关联的、凌乱的问题的讲解。

二、尊重学生的个体差异性，重视训练体系的选择性和系统性

学生具有个性差异，每个学生的发展是不均衡的。因此，教师在化学学习训练中应关注学生个性发展，在达到学科最基本要求的基础上为学生提供更多的选择，以适应学生不同的兴趣爱好和不同的能力发展水平，让每个学生学习对自己有益又有区别的化学。为此，在课堂练习与作业中，可以布置一些"弹性"习题，因人而异地提出不同要求。在要求全班学生都完成的任务之外，布置几个不同层次的作业，要求不同层次的学生选择完成。这种分层、分类的训练体系从学生的实际出发，既满足了不同层次学生的求知心理，又不使部分发展较慢的学生觉得枯燥无味、负担过重。能够在自己的能力范围内独立完成练习，学生会产生成就感，进而慢慢培养出自信心和学习兴趣。对发展较快的学生，多提出一些综合性较强、更具挑战性的问题，他们的兴趣会更浓，好胜心、求知欲会被激发出来。在解决这些问题的过程中，他们不但对基础知识和基本技能有了更深刻的理解、认识和掌握，同时还掌握了更多的解题技巧和化学的方法和技能。

必须注意的是，重视化学学习训练体系不能搞题海战术。要使学习训练有更高的质量，收到更佳的教学效果，每堂课的练习、作业等都应该有计划地、系统地进行。知识只有组织成系统，才会被学生迅速、准确而牢固地记忆。在每堂课的学习训练中，教师应该重视教学信息的渐进性和全面性，在考虑学生实际水平的同时，还要关注一堂课对前后知识内容一贯性的影响和作用（如巩固旧知识，或为后续的学习打基础等）。要使训练达到预期的或更高的目标，教师应该随教学内容的不断变化，对学习训练也提出更高的要求，不断扩展信息容量。

三、加强对学生反思质疑意识的培养，提高学生辨别正误的能力

反思、质疑、辨误是创造力的基础，通过训练可以加强学生这一方面的意识。反思、质疑、辨误训练可以有意安排在学习过程中，如布置对一些疑难问

题的反思、质疑，提出新的问题或设计一些反面练习给学生。在对疑难问题进行反思的过程中，学生就是在进行小小的再发现、再创造。在完成反面练习时，学生不但用正确知识和方法解决了问题，同时对知识点之间进行了比较、辨析、修订、改正、补充等工作，在改正错误的过程中获得的正确信息及总结的方法和掌握的技能会更深刻、更牢固。

比如，在化学计算专题复习课上，可以设计几道错解的题，把学生平时常犯的错误编进去，让学生来判断解法的正确性，并找出错误的原因。这种训练方式的效果比一味地让学生做大量的计算题来得更好，印象更深刻。提高学生的化学素养和增强学生的应用意识是走出题海战术的关键。因此，在日常教学中，教师应增强这一方面的意识，在设计课堂教学的过程中，不可忽视了辨误性、反思性的习题和例题的设计。

思维品质是衡量思维能力强弱的重要指标。化学学习训练使学生的思维活动具有目的性、方向性、确定性和辨别性。以习题训练为手段，培养学生思维的灵活性、敏捷性、深刻性、批判性乃至创造性是化学学习的主要目的。通过对化学问题的解决，学生可以获得和发展推理、分析、探究、评价等能力，学会尝试应用各种化学方法解决问题，进而提高思维品质和能力。

要发挥化学训练体系的理想作用，除了认真完成日常教学，经常进行传统的、"双基"的习题训练，打好学科基础外，我们更应该把科学探究性的问题纳入训练体系，从而考查学生的科学探究能力，同时又对学生进行科学方法的教育。下面简单介绍几种目前常见的探究性问题类型。

1.知识迁移的探究

迁移规律是教育心理学揭示的一条重要的规律。它是指"一种学习对另一种学习的影响"。一种学习对另一种学习起积极促进作用，称为正迁移，一种学习对另一种学习起干扰或抑制作用，称为负迁移。

例如，在复习"常见气体的制备方法"时，引导学生对常见气体的实验室制法（从反应原理、药品选择、装置选择、除杂、净化、收集、尾气处理等一系列知识着手）进行总结，然后引导学生探究实验室制氧气还可以采用哪些方法。

提出问题：初中时学习用加热氯酸钾或高锰酸钾的方法制取氧气，能否根据高中所学的内容设计另外的方案以制取氧气呢？

设计方案：过氧化氢在存在催化剂的条件下分解；氟气通入水中；过氧化钠中加水；次氯酸分解等。

比较方案：哪个更方便、简捷？

实施方案：……

2.知识生成的探究

生成学习是一种有关深层理解和意义建构的新学习方式。生成的学习方式已受到建构主义的青睐。例如，在学习"浓硫酸的强氧化性"时，课本中描述的实验现象为：浓硫酸与铜在加热时反应，放出使紫色石蕊试纸变红或使品红褪色的气体，反应后的生成物的水溶液显蓝色。但老师在课堂演示该实验时，学生观察到这样的现象：在检验 SO_2 时，品红溶液易倒吸；反应结束后，试管中除溶液变蓝以外，还产生白色、黑色的固体物质。如何解决倒吸问题？试管中的白色、黑色物质又是什么？这些问题是在实验中生成的问题，是真实的，学生有兴趣，想探究。

提出问题：铜与浓硫酸的反应产物应如何检验？如何改进装置以解决 SO_2 的倒吸问题？在实验过程中溶液变黑可能产生了什么物质？

猜想：……

设计方案：……

改进实验：……

反思与评价：……

3.认知冲突的探究

认知冲突是学生学习的主要动力,其主要理论依据是认知发展平衡化理论。教育心理学家皮亚杰认为,认知发展过程是"平衡—不平衡—新的平衡"。起初,学生对于某一问题的系统认知，处于某个较低发展水平的平衡状态；继而，学生觉察到与当前的系统相冲突的、该系统不能同化或顺化的事物，从而使认知系统处于某种不平衡状态；最后，学生通过修正认知系统，以使原来感知不一致的东西可轻易地被同化，从而使平衡化得以在某一较高水平上重新确定。这就是说，认知的不平衡或冲突状态是一种认知发展动力，是学习过程中内在的动机。因此，在教学过程中，应着力创设认知冲突，刺激学生的求知欲望，并维持他们在学习活动中的动力，以实现认知的发展。

4.知识综合的探究

某课外小组模拟呼吸面具中的原理（过氧化钠与潮湿二氧化碳反应），设计用下列仪器来制取氧气并测量氧气的体积。

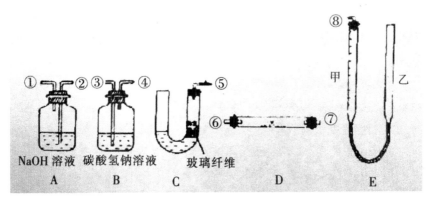

上图中，量气装置 E 由甲、乙两根玻璃管组成，它们用橡皮管连通，并装入适量水。甲管有刻度（0～50ml），供量气用；乙管可上下移动，以调节液面高低。

实验室可供选用的药品还有稀硫酸、盐酸、过氧化钠、碳酸钠、大理石、水。

试回答：

（1）上述装置的连接顺序是（填各接口的编号，其中，连接胶管及夹持装置均省略）：_____。

（2）装置中放入的反应物是_____和_____。

（3）装置 A 的作用是_____，装置 B 的作用是_____。

（4）为了较准确地测量氧气的体积，除了必须检查整个装置的气密性外，在读取反应前后甲管中液面的读数、求其差值的过程中,应注意_____和_____（填写字母编号）。

a.视线与凹液面最低处相平

b.等待片刻，待乙管中液面不再上升时，立刻读数

c.读数时应上下移动乙管，使甲、乙两管液面相平

d.读数时不一定使甲、乙两管液面相平

上题考查了以下知识点：实验室制气原理、气体除杂、组合装置的连接顺序、实验仪器及用途、实验的基本操作等。

第五章　高中化学优质课堂之教学策略

教学策略是指以一定的教学思想为指导，为了达到教学目的而使用的系统决策，是对教学活动的谋划。它决定着教学方法的选择，能使教学活动具有目的性、计划性、灵活性和有效性。化学教学策略，就是为了解决化学教学问题和实现教学目标而确定的对教学方法、教学组织形式和教学媒体等方面的谋划和方略。

第一节　化学基本概念教学

概念是反映研究对象本质属性的思维形式。在化学课程中，最基本的和最被广泛应用的概念被称为化学基本概念。富有成效的概念教学，是学习其他化学知识的基础，是发展学生思维能力的重要途径，也是提高化学学科教学质量的关键所在。

一、化学基本概念的教学价值

化学基本概念是构成化学知识的基础。概念是对事物特征进行独特组合而形成的知识单体，而知识是许许多多概念联结的完整体系。换句话讲，化学基本概念的联结构成了整个化学知识体系。

化学基本概念是学习其他化学知识的基础。对概念的理解，是学生学好基础理论、定律、公式的前提和基础。要形成一个完整的知识和技能体系，使学生能牢固、准确地掌握理论知识，需要用化学基本概念把化学的基本知识、基本理论、计算和实验技能等有机地联系起来。化学基本概念反映化学现象的本质及规律，因此，学好化学基本概念，能让学生更加深刻、更加完善地认识化学所研究的物质及其变化，而不是仅仅停留在较低级别的感性阶段。

化学基本概念是发展学生思维能力的重要载体。化学基本概念是人们对日常生活和实验现象经过思维加工而成的，是化学客观现象最本质属性所体现的思维形式，是化学学科中形成判断与推理的元素，是化学原理和规律的推论和论证的根据。概念是已经剥离了现象的一种更高级的思维形态，因此，概念学习是培养学生智力、提高学生逻辑思维能力的有效途径。

二、化学基本概念的结构和分类

（一）化学基本概念的结构形式

在心理学中，概念是指对事物的本质特征的抽象表征。事物因其有共同的性质可分为不同的类别。通常，概念结构包括概念名称、概念定义、概念属性和概念实例四个方面。下面通过复分解反应这个例子来分析概念的结构形式。

（1）概念名称：复分解反应。

（2）概念定义：两种化合物相互交换成分，生成另外两种化合物的反应。

（3）概念属性：概念具有的本质属性，也称关键特征或属性。如概念"复分解反应"的关键属性是相互交换成分、两种化合物发生反应、生成另外两种化合物。

（4）概念实例：一切符合复分解反应特征的反应都是复分解反应，如 $CuSO_4+2KOH=Cu(OH)_2\downarrow+K_2SO_4$，称为概念的正例；一切不符合复分解反应定义的反应，如 $Mg(OH)_2+CO_2=MgCO_3\downarrow+H_2O$，称为复分解反应的反例。

（二）化学基本概念的分类

化学基本概念大致可以分为基础知识概念和基本技能概念两大类。基础知识概念又可分为组成、结构、性质、变化、化学量、化学用语等几大类；基本技能概念主要包括实验技能和计算技能两类。

1.物质组成类概念

如纯净物、化合物、元素、溶液、浊液、胶体等。此类是借助于直观和直觉想象形成的概念。这类概念主要指物质及其组成，是宏观的概念。对于这类概念，在教学中要尽量突出学生对宏观现象的认识和理解。

2.物质结构类概念

如原子、分子、离子、电子、质子、中子、同分异构体、同素异形体、同位素等。此类概念是基于物质及其组成抽象而形成的，是从微观揭示物质的结构的。此类概念在教学过程中要突出从宏观现象到微观结构的抽象。

3.物质性质类概念

如物质的物理性质、化学性质、pH等。此类概念反映物质的性质特征，多数依靠直观来形成。因结构决定性质，在化学教学中要突出对宏观现象的认识，结合组成与结构，让学生深刻认识到结构是决定物质性质的本质。

4.物质变化类概念

如物理变化、化学变化、化合和分解、溶解和结晶、中和反应、离子反应、盐的水解反应、氧化还原反应、取代反应、加成反应等。此类概念与性质联系紧密，基于物质的结构才能理解。在教学中，要注重在观察实验现象的基础上，通过思维抽象出变化的实质。

5.化学量类概念

如相对分子质量、相对原子质量等。这是用来表征物质特殊性质的一类概念。在教学中，要注意运用生动形象的比喻，防止学生"望文生义"，让学生正确理解这些概念的含义。

6.化学用语类概念

如化学式、元素符号、化学方程式等。此类概念是国际通用的一种工具，是反映物质及其组成结构和性质的一种特殊思维形式。在教学中，对这类概念需要反复练习、运用，以使学生准确、熟练地掌握。

7.化学实验类概念

有关化学实验的概念，主要针对所使用的仪器和药品试剂、实验基本操作规范、实验设计及数据处理等。如加热、称量、取液、搅拌、振荡、溶解、过滤、结晶、蒸馏等基本操作的概念。在学生理解相关概念的基础上，让学生逐步掌握并熟练操作技能。

8.化学计算类概念

如化学式的计算、溶解度和溶液浓度的计算、化学方程式的计算、电离度和溶液 pH 的计算、化学反应速率和化学平衡的计算等。化学计算方面的概念是综合运用化学知识和数学运算而形成的概念。对这类概念的理解，需要在教学过程中让学生重视有关化学知识的理解、掌握和运用，从分析解题思路和方法上对学生进行培养训练。

三、化学基本概念的教学策略

化学基本概念都是抽象、概括的知识。在教学实践中，不少学生因为理解能力较差，往往对基本概念采用死记硬背的学习方式，这样，容易只记住定义，却忘记由此分析概括和归纳得出的具体物质及变化规律。化学基本概念是由具体物质及其变化的现象，通过事实抽象归纳、总结出来的。在教学中，选择合适的教学策略，不仅能达到基本概念的教学目标，还能满足学生探究物质及物质变化依据的需求，巩固和发展学生的学习兴趣。常用的概念教学策略有解剖概念、剖析词语的含义、分析概念的内涵外延等。此外，还可采用下面的一些策略。

（一）绘制概念图策略

概念图的图表结构包括概念、命题、交叉连线和层级结构。一般情况下，重要概念（中心概念）位于概念图的顶端，下位概念位于中心概念的下面，有时，中心概念也可位于中央位置。中心概念位于顶端的概念图，顶端的概念一般为上位概念，包容性强。

概念与概念之间通过连接线和连接线上的连接词而形成意义关系，连接词连接两个重要概念并构成命题，连接词可以是"包括""表示""是"等。连线还带有箭头，具有方向性意义。

概念图的优势主要在于能形象化地表示概念间的关系，深层构建认知结构。用概念图进行教学，可以把握一个概念体系，促使知识形成网络体系。

通常，概念图呈现的是思维的结果。在具体的教学过程中，教师可以通过概念图，深层次地把握重要概念及概念之间的关系，优化教学效果。学生通过绘制概念图，掌握概念之间的关系，进行有意义的学习。同时，教师可根据学生绘制的概念图，评价学生对概念的掌握程度，为教师的教学和学生的学习提供反馈信息。

（二）制作思维导图策略

思维导图的基本结构包括中心主题、节点、连线、图像和色彩。思维导图都是围绕中心主题展开，不会偏离中心主题的内容。中心主题分支出节点，节点再分支出子节点，并以此发散，节点不断增加。节点可以是概念、句子或短语等关键词。连线用于连接节点与子节点、中心主题与节点，但是不带箭头。有时，为了更直观、更生动形象地表示节点的意义，可以运用实验仪器、实验装置、化学药品等图像。根据自己的需要，关键词和连线还可以加上颜色，可以更鲜明、直观地刺激大脑神经。

思维导图的结构也包含中心主题和层级结构。但与概念图不同的是，思维导图没有连接词，连线上的关键词并不表示两个节点之间的关系，也不构成命题，而是节点下的一个分支内容。例如，"溶液"这一中心主题下，有溶质和溶剂两个节点，节点"溶质"又分支出子节点"电解质"和"非电解质"。中心主题与节点、父节点与子节点之间是包含关系。一个节点还可以分支出多个子节点。

思维导图呈现了思维的过程和结果，充分发挥了发散思维和收敛思维的作用。思维导图中，同一层次节点的数目就显示了思维的广度，即发散性。在思维导图中，一个分支的长度就显示了思维的深度，即收敛性。在教学中，思维导图赋予思维以灵活性和开放性，有助于培养思维的深刻性、全面性、创造性和发散性。

在具体的教学过程中，可以融合各种思维导图进行教学。在一堂课的教学中，利用树形图或括号图让学生回忆头脑中的原有知识，并引出将要学习的内容；利用圆圈图或起泡图进行新知识的发散学习；利用双起泡图或桥形图对比新旧知识，检验并巩固原有知识。这样，学生可在原有知识的基础上，找出新旧知识之间的联系，并将思维发散，重新构建知识结构，提高学习能力。

（三）多元切入策略

智力是获取知识的能力。多元智力理论认为智力有多种形式，这意味着学生了解、理解和学习知识有许多方式，而非一种。智力既可以成为获取该智力领域的知识的手段，又可以成为获取该智力领域之外的知识的手段。加德纳在对课程教学的建议中指出："有关内容可以由多种方式展现，如历史课可由语言、逻辑、空间或个人理解的模式来教学，甚至几何教学课堂也可用空间、逻辑学、语言或数字方面的能力来实施教学。"这样，多元智力理论为教学的切入点提供了九种潜在的途径。多元切入策略就是把所教授的内容通过多种不同的方式来释义，其中，每一种方式都与特定的智力类型存在某种联系。对知识的多元呈现，为不同智力的学生提供了丰富的、可供选择的学习机会。例如，关于"电解质"的概念，可运用以下五种不同的途径来说明。

（1）用语言智力来解释电解质。凡是在水溶液中或熔融状态下能够导电的化合物均为电解质。

（2）用观察智力理解电解质。用硝酸钾晶体、硝酸钾溶液和熔融硝酸钾做导电性实验。连接插入硝酸钾晶体的电极上的灯泡不亮，说明硝酸钾晶体不导电。其他两只灯泡都发亮，说明硝酸钾溶液和熔融硝酸钾都能导电。

（3）用空间智力想象电解质导电。用计算机软件动画模拟硝酸钾晶体溶于水后，在水分子的作用下，阴阳离子脱离晶体表面，电离成能够自由移动的水合阴离子和水合阳离子的过程。

（4）用音乐智力领会电解质。将音乐贺卡电路中的开关断开，连上两根电极，插入稀硝酸钾溶液中，音乐卡发出轻轻的音乐声。随着硝酸钾浓度的增加，音乐声越来越响亮。这说明硝酸钾溶液的浓度越大，导电能力越强。

（5）用生活经验说明电解质。当有人触电时，施救人员不能用手或湿的木棒，而要用干燥的木棒拨开电线。

使用多样化的教学手段帮助学生理解同一概念，有助于学生从不同的角度去建构知识，可为学生更好地理解电解质概念打通各种渠道。同时，将多种智力融入同一知识的教学，也为学生提供了使用各种智力的机会，包括他们最强和最弱的智力，从而促使学生的多元智力得到发展。

多元切入的具体方式可以是叙述式、数字式、审美式、动手操作式、社会交往式等。但需要指出的是，多元切入策略并不是指每一个学习内容都应该涉及九种智力领域。是否涉及某一智力领域及如何涉及这一领域，取决于这一领域是否有助于学生对知识的理解和把握。

（四）核心概念引领策略

核心概念是学科知识结构的脊梁，它能够有意义地组织和引领其他概念的属性，还具有超越课堂的迁移价值和应用价值。在高中化学课程中，核心概念很多，如氧化还原、物质的量、离子反应、化学平衡等。

例如，"氧化还原"蕴含着精练有序的简单美和对立统一的动态美，它不仅在知识体系中占有举足轻重的地位，还能应用到生产、生活及科研等多个领域，是中学化学课程中典型的核心概念。氧化还原概念的建立，能使学生以全新的角度看待化学反应的类型。之前，学生对化学反应分类的认识有限，而现在，学生能从微观角度，依据有无电子的转移将化学反应分为氧化还原反应和非氧化还原反应。而且，此前，学生对化学反应的微观认识仅停留在原子间的重组方面，学习了氧化还原之后，学生建立了"原子在重组时是否发生电子转移"这一全新的视角，拓展了对化学反应更为本质的微观认识。对氧化还原应用价值的分析，能使学生初步构建利用化学反应的思维角度，如实现某物质中相同元素不同价态间的转化、不同形式能量的转化、重要物质的制备与合成等。

以"化学能转化为电能"为例：自发进行的氧化还原反应是构成原电池的核心，教学时应紧紧围绕这个核心展开。首先，组织学生分组实验：①把锌片插入稀硫酸；②把铜片插入稀硫酸；③把锌片、铜片同时插入稀硫酸；④用导线把锌片、铜片上端连接，一起插入稀硫酸。让各组学生派代表描述实验现象，分析原因。然后引导学生聚焦实验④，分析其中的电子转移并得出相关结论。在此基础上，若将电流计换成小灯泡，这就像一个电源向小灯泡供电，称这样的装置为原电池。只有在学生结合氧化还原反应以充分理解原电池的实质之后，教师才能展开后续关于其形成条件的探究。在原电池、电解池等知识的学习中，学生对氧化还原概念的理解显得尤为重要。只有真正从微观本质上加以理解，才能在学习中游刃有余。

在具体教学中，应为新概念寻找归属即核心概念。在核心概念的引领下，将新知识与已有知识建立联系，使新知识的学习成为一个同化的过程，构建以核心概念为中心的知识网络。

（五）循序渐进策略

化学概念往往都"成群结队"出现，而很少"孤雁单飞"。众多的概念间有着千丝万缕的联系，要循序渐进地进行理解。

在化学课本中，化学基本概念都是由浅显到深入逐步递进编排的，讲解时要注意知识的阶段性。任意扩大概念，或想要一步到位，将概念完全讲解透彻、讲解深刻的做法是不现实的。如讲解"氧化还原反应"概念，应从初中接触过的氧化还原反应的概念入手，逐步深入。先从初中"得氧、失氧"的概念讲解，再逐步变换到由"化合价升降"来分析氧化还原反应，进而抛出"电子的转移"是氧化还原反应的实质，并且深入分析"电子转移"包括"电子得失"和"电子偏移偏向"。这样由浅入深、由易到难，才能使学生对概念有深刻的理解。

第二节　化学用语教学

化学用语又称化学语言，是国际通用的科技"语言"，是学习化学的工具，是用来表示物质的结构和变化规律的一种特殊符号。它贯穿中学化学学习过程的始终，与化学的基本概念、基本理论及其他知识有着非常密切的联系。学生如果不能掌握化学用语，会对其他内容的学习造成障碍。因此，帮助学生理解各种化学用语的含义，是化学教学的关键。

一、化学用语的教学价值

化学用语是在化学科学发展过程中逐步形成和发展起来的。远至古代，炼金家道尔顿已开始用一些符号来表示某些元素物质。到 1860 年，国际化学界公认了贝齐里乌斯的建议：用拉丁文名字的起首字母，或再加一个小写字母代表化学元素符号。至今，世界已有了通用的化学语言，它是广大化学工作者进行信息学术交流和传播的重要工具。

化学用语是学习化学的基本工具。开始学习化学就接触到了化学用语（元素符号、分子式、化学方程式）的概念，在讲到分子、原子、离子等概念时，用分子式、电子式、元素符号、离子符号来表达；化学定律用分子式、化学方程式等来体现；电解质的电离和中和反应的实质，要用电离方程式、离子方程式来阐明；离子化合物和共价化合物的结构要用电子式来表明；化学实验中的化学现象要用化学方程式来记录；化学计算要以化学用语为依据。可以说，没有化学用语就没有办法进行化学教学。

化学用语还是培养学生抽象思维能力和锻炼学生记忆能力的一种方式。化学用语蕴含了与之相对应的化学概念。化学概念是化学事物本质性的概括。学生在学习和使用化学用语时，必然会发展自己的抽象思维能力。化学用语作为一种符号，要求学生会读、会写、会运用。学生必须首先牢牢记住这些符号。因此，学生在学习化学用语的过程中，也会发展自己的记忆能力。

二、化学用语的教学策略

因为化学用语的数量非常多，而且很枯燥，所以，学生在学习过程中，感到很困难。如果这个难关过不去，整个化学学习将难以进行下去。为了有效地解决这些问题，可采用以下策略：

（一）符号转换，巧妙记忆

站在符号学的角度，加德纳认为专属于不同种类的意义建构（说话、创作音乐、计算数据、想象空间关系等）的不同智力已经相应地进化成截然不同的符号系统（文字符号、音乐符号、数学符号、建筑图等）。智力并不是抽象之物，每一种智力都以一个在意义上截然不同的符号系统为中介，例如，数理智力靠数学符号支持和反映出来，动觉智力靠动作符号支持和反映出来。智力的多样性与符号系统的多样性相对应，不同的智力对不同的符号系统具有不同的敏感度。如语言智力对文字符号具有敏感性，音乐智力对音乐符号具有敏感性。

智力代表了个人对符号工具的使用。每种智力支持其独特的符号系统，这意味着学生可以选择与运用多元的符号系统去理解和学习知识。例如，对于元素符号的记忆，可以通过复述书面符号来记忆，也可以运用肢体动作符号做比喻来记忆，还可以运用图像符号的艺术手法来记忆等。但是，个体智力对符号系统的敏感性差异直接影响学习的效果。当个体对以某种符号形式呈现的知识学习感到困难时，根据多元智力理论，可以把它转化成另一种符号形式来学习，从而提高学习质量。符号转换策略是把一种智力的符号形式转换成另一种智力（或优势智力）的符号形式来进行学习的策略，如从数字到图表、从语言到动作、从音乐到动作等。对于一个视觉空间智力强于语言智力的学生，可能看不懂用文字描述的分子结构，但当他把文字转换成图形后，就能马上准确地知道分子的空间排列。运用符号转换进行学习，能极大地改善学习者的学习效果。

很多化学用语需要记忆，一般采用机械记忆策略，即通过死记硬背来学习，这样，学习者往往会感到枯燥乏味，极易产生厌倦情绪。运用符号转换策略可把一种符号转化成另一种符号来记忆，例如，记氢（qīng）的元素符号"H"，可转换成动作符号来记忆："一根扁担挑着两根稻草轻又轻（qīng）"。记硫（liú）的元素符号"S"，可转换成小桥流水的图像符号来记忆："弯弯的小河流啊流（liú）"。学习碳酸钙时，物质之间变化的三个方程式可转换成语言文字符号来记忆："千锤万凿出深山，烈火焚烧若等闲（$CaCO_3 \overset{高温}{=\!=\!=} CaO+CO_2\uparrow$）。粉身碎骨浑不怕[$CaO+H_2O=Ca(OH)_2$]，要留清白在人间[$Ca(OH)_2+CO_2=CaCO_3\downarrow+H_2O$]。"于谦的《石灰吟》表达了诗人廉政清明、不怕粉身碎骨的坚贞品质，但从化学角度看，其中还隐含了这三个化学反应。符号转换能使抽象的符号还原为鲜活的经验，使脱离生活气息的符号世界重新充盈生活体验，从而使知识记忆变得轻松、愉悦。而且，知识符号转换有助于学生构建知识的多重表征，将抽象符号与具体的表象相结合，加深记忆，并且经久不忘。

（二）理解含义，名实结合

化学用语是代表物质的组成、结构和变化的一系列符号或因式。化学用语不仅表述特定的化学概念，且代表一定的化学事物，它与化学事物是"名"和"实"的关系。因此，让学生真正理解化学概念所表示的化学事物的含义是化学用语教学过程的一个至关重要的环节。化学用语本身包含化学基本概念和理论，在客观表述物质及其变化实质的同时，也代表着量的关系。例如，分子式不仅表示某单质或化合物，又代表该单质或化合物的相对分子质量及组成元素间的定量关系；化学元素符号不仅表示某种元素，同时又代表该元素的相对原子质量。因此，化学用语教学必须做到"名""实"结合，让学生理解化学用语的含义。

指导学生不仅要使学生学会正确书写化学用语，更要使学生掌握其在化学学习过程中的意义，从而达到有意义地识记。例如，见到一种元素符号或一种化学式，学生就应该想到它所代表的元素或所对应的物质及这种元素或物质具有的特征。学习一个化学方程式时，学生就应该想到此方程式所描述的化学反应，发生这个化学反应时有什么现象产生。化学用语的内涵随着学生化学学习的进展而不断充实。例如，水的化学式 H_2O，初中学生只知道它表示：①水这种物质；②一个水分子；③水由氢、氧两种元素组成；④一个水分子由两个氢原子和一个氧原子构成；⑤水中氢氧元素的质量比是 1：8；⑥根据水分子的组成可以推算出它的相对分子质量为 18。到了高中一年级，学生在学习了物质的量之后，他们又知道 H_2O 代表 1mol 水分子，其摩尔质量是 18g/mol。这样，就使枯燥的化学用语变成了活生生的，既有宏观又有微观、既有定性又有定量的事实。

学习化学用语，记忆负担很重，教师应使学生了解化学术语、符号的意义和特点，结合化学反应现象的线索，减少机械记忆，增加理解记忆，从而减轻记忆负担，提高记忆效率。

（三）合理安排，分散难点

由于化学用语数量多、分布广，且枯燥无味，通常成为教学的难点。若分散难点，可以使学生感到难度削弱。例如，把元素符号、化学式当作代表某种物质的普通符号，从绪言课开始陆续出现，把化学用语标注在对应物质名称的后面，学生见得多了，写得多了，循环往复地出现，熟能生巧，记忆自然形成。再讲解化学用语时，深入解释它们的含义，学生就更容易接受和学习。课后有目的、有计划地加强巩固练习，教学效果就会更加明显。

（四）加强规范，正确书写

教师在教学时要注意课堂教学语言的准确性、规范性，要准确地表达每个化学用语的内涵和外延，准确地剖析重要的字、词的含义。

图 5-1　F 原子结构示意图

例如，图 5-1 的内在含义是：+9 表示原子核内有 9 个质子，核内带 9 个单位正电荷；两条弧线上数字表示核外 K 电子层上排两个电子，L 电子层上排 7 个电子。图 5-1 表示氟原子最外层有 7 个电子，易获得一个电子达到惰性气体的稳定结构，因此，氟元素是活泼的非金属元素，具有强氧化性。再如，在讲授有机物的结构简式时，特别要注意使学生弄清楚有机物中原子的结合方式和结合顺序，引导学生正确书写有机物的结构简式，不要把"-CHO"写成"-COH"，要注意价键连接的分别是什么原子，培养学生自查自纠的习惯。一些专用术语要正确书写，如"苯"不能写成"笨"，"乙酸乙酯"不能写成"己酸己酯"等。

第三节　元素化合物知识教学

元素化合物是整个化学知识的"骨架"，是中学化学的重要组成部分，它是学习其他化学概念或理论的基础。如果没有对这部分内容进行透彻的学习，其他的化学概念和理论将变成无源的空概念或理论。如果该部分知识不扎实、不丰富，那么，化学中学习的概念和原理将会变得空洞抽象。

一、元素化合物知识的教学价值

（一）元素化合物知识是中学化学的重要内容

在化学教学中，元素化合物知识约占教学内容的 60%，囊括了主族元素、副族元素、过渡元素及其化合物和各类有机物及其代表物。元素化合物的知识，包含物质的物理性质、化学性质等，某种物质的具体性质又包括物质的存在、制法、保存、用途、检验和反应等知识内容。在中学化学学习中，元素化合物知识几乎贯穿了整个学习的知识点，是学习化学知识的框架和基石。

（二）元素化合物知识有助于学生的能力培养和情感教育

教学的核心任务是培养和提高学生的学科能力。能力不是知识的简单堆砌，而是通过一定程度的培养由学生自己构建而来的，它是学生自身在学习的条件、情景中自主内化而来的，与实践是密不可分的。在元素化合物的学习中，经常进行物质的性质、制备、分离与提纯、检验、组成与结构、变化的规律等探究活动。这些探究活动对学生能力培养能起到铺垫作用。教师通常采用知识点与真实情景相结合的教学策略来讲解元素化合物知识。生产生活与元素化合物知识相关的地方有很多，教师将生活实际与知识点相结合，让学生通过真实的情景进行学习，不仅能够使学生感受到化学的魅力，激发学生对化学学习的兴趣，还能让学生更加热爱生活，培养学生唯物主义的世界观，发展学生自主获取知识的能力。因此，元素化合物知识是激发学生正面情感的好素材。

（三）元素化合物知识有助于学生解决生活问题

现实生活需要每个人充分利用自身的多种能力来解决各种实际问题。教育的价值在于满足作为社会成员的个体的社会性发展的需要，赋予受教育者社会生存能力，促进个体不断地社会化。元素化合物中包含众多与科学、技术、社会、环境密切相关的内容。如学习氧化还原后，学生就能够解释某些实际现象和问题。例如，对铁生锈、苹果切开易变黄、植物光合作用等现象的解释；利用含高价元素的金属矿物制备常用的金属材料；常见化学电源的工作原理；人和动物对能量的消耗，等等。生命中的营养素、奥运会美丽的焰火晚会、生活中各类无机盐（$NaCl$、$NaHCO_3$、$CaCO_3$）等都体现了元素化合物与人类生活的密切联系。对这些知识进行学习，能有效地帮助学生解决生活中的一些实际问题。

二、元素化合物知识的特点

（一）元素化合物知识的编排特点

元素化合物知识依照从个别到一般的顺序编排。由个别元素氯、钠、铁、铜、硫、氮到元素族的介绍，由元素的个性到元素族的共性，这是一个系统提高的过程。与此对应，化合物知识从分散学习到归类学习，显然是一个由个别到一般的认识的飞跃过程。

元素化合物知识和理论知识穿插编排。理论知识的学习在一定的元素化合物知识的基础上进行，同时，元素化合物知识能在基础理论的指导下进行。在元素周期律介绍前，主要是掌握元素化合物性质等材料，同时突出"族"的规律性，为后面导出周期律奠定基础，重在培养学生的分析和归纳能力。而在元素周期律后，则是运用理论阐述元素与化合物的结构、性质和变化规律，重在培养学生的推理能力。

（二）元素化合物知识内容特点

中学化学包含主族元素、副族元素及其化合物，这些知识具有庞杂、琐碎的特点。学生学习某一知识点时，觉得很容易理解，但是当学习的含量逐渐增加时，很容易混淆。特别是在没有学习周期律的情况下，学生对元素的理解是孤立的。不会整体地把握，容易给学生带来负担和挫折。化学是从原子、分子的层面研究化学物质，学生在学习元素化合物的组成、变化的同时，会不可避免地融合其微观结构和反应原理规律，即穿插了化学原理的部分内容，这就在无形中拓展了学生学习的内容，加大了学生学习的难度。深入课改加强了元素化合物与生产生活的联系，拓宽了概念原理的教学渠道，这无形中也增加了元素化合物教学的烦琐性。因此，在教学时普遍感到元素化合物知识"繁、乱、杂、难"。

三、元素化合物知识的教学策略

（一）搭建支架教学策略

"支架"原是建筑行业的专业术语，又有脚手架的意思，是指在盖房时给予的暂时支持。待楼房建设好后，要撤掉这种支架。根据脚手架的作用，教育工作者把它引申到教学领域中。此时的脚手架指的是当学生在学习过程中遇到困难时由教师提供一定的帮助。利用脚手架作为支撑点，可以为学生完成学习任务提供必要的帮助。教学过程是教师不断地为学生的学习和发展搭建支架，使得学生沿着"支架"逐步攀升的过程。

1.工具支架

工具支架指的是在教学过程中使用一系列的模型和多媒体等工具的支架。工具支架意在为学生提供直接的操作性和情境性的经验，以帮助学生合理有效地运用工具和资源。例如，在学习物质组成与结构时，教师可以利用球棍模型等工具支架，实现从微观到宏观的转变。

2.问题支架

问题支架是指在学生处于未知状态时给予其以问题为支架载体的启发或向导的支架。这类支架形式在化学教学中最为常见。在教学过程中，问题多以单个的形式出现，系统性往往不强，而当将新内容的框架转换成为问题链的形式时，学生就可以在解链的同时获得支架的攀升，从而实现意义的建构。例如，在对盐类水解过程进行探究时，可以向学生提出如下几个问题：以乙酸钠为例，在水溶液中存在几种离子？哪些离子的结合会对水的电离平衡产生影响？乙酸钠水溶液呈碱性应如何解释？学生通过对这一系列问题的回答，完成了对盐类水解过程认知框架的构建。

3.元认知支架

元认知支架指的是在学习过程中能够帮助学生在学习中评估与反思已知什么与还要做什么的支架。这类支架可以是一种简单的提示或供学生去反思的目标或问题，用以帮助学生去反思组织知识的内在心理机制。例如，学生在学习硫及其化合物的内容时，在结课部分让学生画出他们已知的所有硫及其化合物的转化关系图，然后由教师提供详尽的转化关系图，最后让学生通过对比进行查漏补缺。

4.信息支架

信息支架指的是在学生遇到瓶颈时给予其陈述性的关键信息，帮助学生突破现有困境的支架。信息支架的特点在于直截了当。学生可以直接加工和利用信息获得新知。如氨基酸的学习，当使用味精饱和水溶液（谷氨酸钠盐溶液）制取谷氨酸时，学生可能一时想不出制取的方法，此时，教师可以为学生提供信息：谷氨酸是一种弱酸，化学上制取弱酸的方法有哪些？学生很快就能选定强酸制取弱酸的方法，实现氨基酸的制取。

5.实验支架

实验支架指的是在教学过程中利用实验作为支架载体的支架。实验是化学学科的基础，利用实验支架可以在很大程度上解决和突破化学学习上的重、难点。例如，离子定向移动这一内容，将一根蘸有高锰酸钾溶液的棉线置于滤纸中间，然后对夹于滤纸两端的导电夹进行通电实验，学生可以很明显地看到有一条紫色的离子线在定向移动。

（二）随机进入教学策略

随机进入教学可以被界定为学生伴随着新知识的建构，根据自己的实际情况，随意通过不同渠道、不同学习方式从多个不同角度和不同问题侧面、在不同的时间多次进入同一化学教学内容，从而达到对化学专题知识全面而又深入的掌握。随机进入教学独特而又鲜明的认知性、多元性及灵活性，有利于学生自主学习能力和探究能力的培养。在这种策略下通过创设隐含不同目的、不同侧重点的问题情境，能够引导学生从事物不同方面的特征，主动构建合理完整的知识结构体系。

例如，在有关二氧化碳性质探讨的教学过程中，教师可以利用言语行为进行介绍或通过图片展示与生产生活息息相关的具体事例。如碳酸饮料、温室效应、植物光合作用、灭火器及人工降雨等方面有实际意义的事实，激发学生的学习动机和兴趣，拉近学生与化学学习的情感距离。接着从四个教学实验展开关于二氧化碳性质的探究学习。每一个实验都在不同的情景中进行。

实验1：将带火星的木棒插入装满二氧化碳气体的集气瓶中，火星熄灭了，让学生通过直观观察得出二氧化碳不支持燃烧的事实结论。

实验2：原本四处乱窜的苍蝇在充满二氧化碳气体的密闭容器中逐渐停止活动，该实验以二氧化碳气体不能供给呼吸为设计要点，逐步让学生了解二氧化碳气体的化学性质。

实验3：紫色石蕊试液在通入二氧化碳气体后变红，启发学生积极主动思考、进一步挖掘二氧化碳气体溶于水显酸性的化学性质。

实验4：澄清石灰水溶液在通入二氧化碳气体后变浑浊，这个现象激发学生学习的兴趣，使其产生透过现象看本质的探究意识。最后，使学生通过查找资料或与他人交流逐渐清晰地得到问题的解决方法。

以上四个实验从不同的方面展开关于二氧化碳气体性质的教与学，包含了以基本知识传授为基础的教与学。由此可见，随机进入教学策略在于凭借化学基础，从问题的不同侧面和角度将学生的学习从低级向高级进行引导，帮助学生形成良好的知识结构。

（三）实验探究策略

验证性实验一般是模仿、重复教师演示过的实验，由于一切现象和变化都在预料之中，没有学生自由发挥的余地，激发不了学生思考的积极性。在实验中增加一些探索性内容，让学生以研究的态度对待这些实验，这样，学生就会在认真、仔细操作的同时，深入考虑与实验有关的问题，让自己始终处于探索的情境中，通过创造性的思维来完成知识的学习。例如，在铁钉与 $CuSO_4$ 溶液的置换反应实验后增加 3 个实验问题：①Na 与 $CuSO_4$ 溶液反应可否置换出 Cu？②Na 与 $FeSO_4$ 溶液反应有何现象？③在室温下把铁钉放入盛有浓 H_2SO_4 的烧杯中，一段时间后取出洗净，然后放入 $CuSO_4$ 溶液中有何现象？学生在铁钉和 $CuSO_4$ 溶液反应的思维定式下，对实验①很容易得出生成 Na_2SO_4 和 Cu 的结论，实际上有蓝色絮状物生成，同时有大量气体产生，却无 Cu 析出。对实验②，学生也容易误认为与实验①的现象一样，而实验却多了白色 $Fe(OH)_2$ 沉淀转变为红棕色 $Fe(OH)_3$ 沉淀的现象。实验③，由于铁表面生成了一层致密的氧化物，不发生反应。实验出现的现象一次又一次否定了学生前面的回答，学生的思维会异常活跃，思维高度集中，能提高学习效果。

（四）类比教学策略

类比教学是一种十分有效的教学策略，它主要是要找出教学内容之间的相似之处，找到共性规律。对于元素化合物的教学，采用此方法是最合适的，虽然元素化合物知识繁多，但知识间总是有千丝万缕的联系，找到相似之处对学生理解记忆具有极大的帮助。

类比教学的步骤是：①找出可以联系的关键点，为类比打下基础；②展开联想，由"此"联系到"彼"；③精加工，在联想的基础上尝试类比。

（五）实物直观策略

在元素化合物知识教学中要充分利用直观手段，让学生通过对直观实物的观察、分析来理解知识。在化学教学中采用的直观手段包括实验直观观察、模象直观观察和语言直观观察等。

如对影响"铁丝与氧气"反应速率因素的分析，可这样来进行：

取两根粗细、长短一样的铁丝在酒精灯上加热，然后将一根放入盛氧气的集气瓶中，其很快就"烧完"了；另一根放在酒精灯上继续加热，即使烧几分钟也不会"熔化"。一般学生分析此现象和瓶中纯氧的浓度是空气中氧气的约5倍。若此反应的速率仅取决于氧气的浓度，则用5倍于在纯氧中铁丝烧完所耗时间，放在空气中的铁丝也应该烧完了，事实却非如此。所以，仅从浓度角度分析就无法解释。此时，教师可巧妙地引导学生从多角度来分析此现象。反应速率不仅受浓度的影响，还受温度等其他因素影响。分析得出上述现象差异的原因：铁丝在纯氧中燃烧快，是因为单位时间内产生热量太多，致使铁被熔化；而铁丝在与空气中氧气作用时达不到如此高的温度，即使延长加热时间也不能熔化。单位时间内产生的热量不同，导致反应体系温度不同。温度是影响此反应速率的主要因素。

（六）理论引领策略

化学基本理论和概念对研究物质性质的思路和方法具有引领作用。以"氧化还原"概念对元素化合物知识学习的引领为例说明。

学习氧化还原概念前，学生只能从物质类别的角度认识其性质。学习氧化还原概念后，学生能够形成认识和研究物质性质的一般思路和方法。物质含有可变价元素时，该元素处于高价，则能够降低，体现氧化性；处于低价，则能够升高，具有还原性；处于中间价态，则同时具有氧化性和还原性。学生可以从中心元素的化合价预测其可能具有的性质，再选择合适的氧化剂或还原剂，设计实验加以验证。以"硫及其含硫化合物的相互转化"为例，演示实验：①在 Na_2S 溶液中

滴加 I_2；②在 H_2S 中滴加 $FeCl_3$ 溶液。学生发现两者均有黄色沉淀生成，并据此写出反应方程式。教师引导学生分析得出-2 价的 S 是硫元素的最低价态，只具有还原性，可以通过加入合适的氧化剂，使-2 价的 S 转化为 0 价的 S 单质。同理，再通过 $KMnO_4$ 与 Na_2SO_4、H_2S 与 H_2SO_4 的反应证明处于+4 价的 S 同时具有氧化性和还原性。接着，引导学生预测 S 单质可能的性质，并自行设计实验加以验证。学生在紧密结合氧化还原概念的基础上，才能轻松地归纳出含硫物质间的转化规律。S 处在最高价只有氧化性，处在最低价只有还原性，处在中间价则既有氧化性又有还原性。硫元素不同价态间的转化可以通过氧化还原反应得以实现。

通过氧化还原概念的引领，学生对于某些实际现象和问题的分析能力也能得到进一步提高。例如，对铁生锈、苹果切开易变黄、植物光合作用等现象的解释；利用含高价元素的金属矿物制备常用的金属材料；常见化学电源的工作原理；人和动物对能量的消耗，等等。真正将化学同自身生活经验和对周边事物的观察相结合，才能实现知识的良好建构。

参考文献

[1]曹丹丹.高中化学课堂导入存在的问题与对策研究[J].学周刊,2015(5):213-215.

[2]陈少博.高中化学课堂环境现状及其优化策略研究[D].华中师范大学,2017.

[3]陈先凤.高中化学高效课堂教学模式的实践探索[D].华中师范大学,2017.

[4]董梅.高中化学课堂教学有效提问的研究[J].中国校外教育,2015(12):105.

[5]段栋苗.新课程背景下构建高中化学高效课堂的探索与研究[D].湖南师范大学,2014.

[6]关莹莹.新课程背景下高中化学课堂小组讨论式教学法应用研究[D].延边大学,2017.

[7]郝佳琦.高中化学"研讨式"课堂教学模式的构建与实践[D].广西师范大学,2013.

[8]胡孝新.高中化学课堂有效教学研究[J].才智,2014(8):87.

[9]季久洪.生本教育下高中化学课堂教学的困境与反思[D].苏州大学,2016.

[10]刘超.高中化学课堂中教学内容重要性程度的分布特征及其与教学时间的相关研究[D].东北师范大学,2013.

[11]刘权.浅析高中化学优质教学课堂的构建[J].读与写(教育教学刊),2016,13(5):136.

[12]刘艳,黄紫洋.高中化学课堂有效教学的策略构建[J].教育教学论坛,2014(9):62-63.

[13]刘莹.高中化学课堂中新课导入的方法研究[D].聊城大学,2017.

[14]罗珊.新课程背景下高中化学课堂导入研究[D].西南大学,2015.

[15]吕晓颖.高中化学高效课堂构建分析[J].学周刊,2013(22):128.

[16]舒义辉.高中化学课堂有效教学的策略与途径[J].学周刊,2013(35):183.

[17]孙红杰,金凤.优化高中化学"微课堂"有效教学的策略与方法[J].科技视界,2015(4):18+9.

[18]谭世欢.新课改下的高中化学课堂教学评价研究[D].陕西师范大学,2012.

[19]王春江.高中化学"开放式"课堂教学模式的研究与实践[D].哈尔滨师范大学,2014.

[20]王丽芹.高中化学优质课堂合理构建的策略[J].读与写(教育教学刊),2016,13(5):140.

[21]王晓红.高中化学高效课堂教学模式的实践研究[J].求知导刊,2016(11):137.

[22]文静."翻转课堂"应用于高中化学教学中的实践研究[D].贵州师范大学,2015.

[23]邢慧慧,杨珊珊.支架式教学策略在高中化学课堂中的应用研究[J].中国教育技术装备,2015(14):129-130.

[24]熊静.高中化学课堂导入的策略研究[D].辽宁师范大学,2014.

[25]杨桂霞.新课程背景下高中化学课堂提问策略研究[D].苏州大学,2014.

[26]姚磊.创设教学情境 活跃高中化学课堂[J].教育教学论坛,2014(17):57-58.

[27]张丽媛.基于翻转课堂的高中化学混合式教学研究[D].内蒙古师范大学,2017.

[28]张瑜.高中化学课堂教学中的问题设计与实施的调查研究[D].河北师范大学,2017.